走向卓越

——初中语文层级读写的研究与实践

杨彦文 ◎ 著

吉林人民出版社

图书在版编目（CIP）数据

走向卓越：初中语文层级读写的研究与实践 / 杨彦
文著. — 长春：吉林人民出版社，2023.11
ISBN 978-7-206-20337-4

Ⅰ. ①走… Ⅱ. ①杨… Ⅲ. ①中学语文课—教学研究
—初中 Ⅳ. ①G633.302

中国国家版本馆CIP数据核字（2023）第221858号

走向卓越——初中语文层级读写的研究与实践
ZOUXIANG ZHUOYUE —— CHUZHONG YUWEN CENGJI DUXIE DE YANJIU YU SHIJIAN

著　　者：杨彦文　　　　　　封面设计：李　娜
责任编辑：高　婷
吉林人民出版社出版发行（长春市人民大街7548号　　邮政编码：130022）
印　　刷：长春市昌信电脑图文制作有限公司
开　　本：787mm×1092mm　　1/16
印　　张：12.25　　　　字　　数：200千字
标准书号：ISBN 978-7-206-20337-4
版　　次：2023年11月第1版　　印　　次：2023年11月第1次印刷
定　　价：58.00元

如发现印装质量问题，影响阅读，请与出版社联系调换。

目 录

第一章
01

指向表达中心的
层级读写意义

第一节 概念阐释

一、表达

表达，简单而言，就是运用语言文字表情达意、交流沟通。我们知道，《义务教育语文课程标准（2022年版）》（以下简称"新课标"）的"课程性质"中指出，语文课程是一门学习语言文字运用的综合性、实践性课程。"写作（7~9年级）"中提到："多角度观察生活，发现生活的丰富多彩，能抓住事物的特征，有自己的感受和认识，思考，表达力求有创意……写作时考虑不同的目的和对象。根据表达的需要，围绕表达中心，选择恰当的表达方式。合理安排内容的先后和详略，条理清楚地表达自己的意思。运用联想和想象，丰富表达的内容。正确使用常用的标点符号……"表达就是对语文课程性质的集中概括。新课标中共有56处"表达"，足见其分量。

语文是研究运用文字表情达意、交流沟通的课程，是研究作者为实现表达目的而选用恰当的语体和文体表情达意、交流沟通的课程。语文教学中"语言文字运用"以及进行"运用语言文字表达"的训练是非常重要的内容。语文教学的基本任务是理解作者的表达方法和技巧，感悟表达智慧，积累表达经验，培养学生运用语言文字阅读理解、表情达意和交流沟通的素养，不断提高学生的语言生活质量。

实践表明，学生从小学到初中学过很多精美词句、精妙语段，可在日常的表达运用中还是觉得词穷，这是什么原因呢？常言说得好：路遥识马力，日久见人心。人与人之间只有交流过，商讨过，共事过，合作过，才能从陌生到认识，从而到熟悉，才能走进彼此的内心。新课标的"核心素养内涵"中表述"核心素养是学生通过课程学习逐步形成的正确价值观、必备品格和关键能力，是课程育人价值的集中体现；义务教育语文课程培养的核心素养，是学生在积极的语文实践活动中积累、建构并在真实的语言运用情境中表现出来的，是文化自信和语言运用、思维能力、审美创造的综合体现"。

课文中的精美语句、精妙语段，教师可以依照文本语境，策划实践活动，让学生通过自己的思考转化，与其生活发生意义，使其在"真实的语言运用情境"中进行"积极的语文实践活动"，实现素养的落实与提升。例如，统编版语文教材七年级上册第七课《散文诗二首》中《荷叶·母亲》结尾处"母亲啊！你是荷叶，我是红莲……"本来"荷叶"和"红莲"是植物"莲花"的组成部分，可是，此处作者把它拟人化，原因是情感在起作用，即借景抒情，寄情于物，这是"表达"所起到的效果。对于学生而言，明白了"荷叶""红莲"是运用拟人的写法后，假如不再转化为自己的思考，价值就呈现不出来。同样，学生明白了这种拟人手法，带着这样的习惯阅读、思考、表达，学生就会结合自己的生活生发出有意义的空间，自我语言运用的天地就会丰富而广阔，也就有了"你是大树，我是树苗""你是湖水，我是鱼"等表达。

在课堂教学中，教师对课文文本的解读，由教材内容转化为教学内容，策划专业的学习实践活动，得到学生的学习收获和成果。从教学规律来看，学生从理解到活动，从活动到表现，实现转化后又反观自己的阅读质量，最终实现阅读力、理解力、思考力的教学"三力"教育观，借助表达，多重转化，达到阅读、思维、写作的共同发展，共同提升。

二、层级

层级，百度词条中这样表述：多级的石阶。元虞集《题蒙庵为黄石谷赋》诗："随山导清泉，积石拾层级。"明徐弘祖《徐霞客游记·游雁宕山日记》："堂后层级直上，有亭翼然面瀑。"层级也比喻人所处的社会地位，犹言阶级、阶层。

新课标中的"课程目标"是按照九年一贯整体设计。新课标在"总目标"之下，按照四个学段，分别提出学段目标与内容，体现语文课程的整体性和阶段性。各个学段相互联系，螺旋上升，最终全面达成总目标，体现出语文课程的"层级目标"。其中7～9年级这个学段是个整体，语文课堂教学中出现"碎片化的读写思维""忽视利用阅读学习""把训练当运用""课程主体缺少""阅读活动缺乏深度"等较多"消极语用"现象。

我们知道，初中阶段是义务教育最重要的发展阶段，同样应该有更细致、更具体的层级目标，从学生的认知规律出发，以"学生的心灵成长"为主线，逐步确立初中不同年级的读写训练重点。七年级为认知性，八年级为体验性，九年级为感悟性，各个年级的训练内容相互联系，螺旋上升，从而使年级教学目标有梯度、有层级地分阶段落实，这样就明确了课堂教学中究竟教学什么、教学到什么程度的问题，即明确课堂教学中做什么，解决什么问题，能帮助学生的语文素养和语文能力达到什么程度，等等。

教师应针对不同的课文文本，依据文体的结构布局和语体的遣词造句，斟酌其读写内容的功效，建构层级读写教学内容，策划专业的言语活动，凸显有价值的读写课堂教学。

（一）知识性选文，读写点聚焦在理解内容上

"知识性选文"也是依据统编版初中语文教材中某些选文是学生需要知晓的知识，目的是传承祖国优秀传统文化并帮助学生形成正确的价值观，健全学生人格，培养学生优良品质，如《邓稼先》《说和做——记闻一多先生言行片段》《太空一日》等知识性作品。教师应依据层级读写需要，抓住课文文本的空白进行课时微写训练，让学生理解课文本身内容，促使学生指向表达中心，让学生由外部到内部、由表层到深层走进作品或人物内心，领悟作品情感，进行认知性表达。所呈现的读写层级思路：情境创设，情节想象；走近人物，读写表达；讨论交流，情感体悟。以统编初中语文教材七年级下册《邓稼先》层级读写为例，邓稼先为我国成功研制"两弹"和新型核武器做出重大贡献，是"两弹一

星"元勋。学习这篇文章应把主要精力放在认识邓稼先不平凡的经历和对民族的伟大贡献上，教师可设置如下课时层级读写训练内容：

（1）用课后"读读写写"中3～5个词语（成语为上）转述你所了解的人物——邓稼先。

（2）在零下三十多摄氏度、风沙呼啸的戈壁滩上，想象面对井下信号测不到时的情景，补充描写邓稼先的语言、行动和心理。

（3）作者在上海大厦吃饭时，收到邓稼先的一封信，看完后激动得热泪满眶，情感受到极大震荡。请想象作者当时的情景，补充描写他的动作、心理等。

上面三个读写训练内容，不是学习课文写作技巧后的学以致用，而是就课文内容情节，在特定的情境中想象理解人物，这是依据课文内容，通过自己的思考重新表达、再现人物形象，是对"不平凡经历"和"对祖国伟大贡献"的正面彰显，落脚点在理解上；相反，如果将《邓稼先》的学习放到"情感感悟，手法探究（通过抒情与议论、对比与衬托表现人物）"的写作特色，这就拔高了七年级以认知性为目标的读写层级训练要求。

（二）观点性选文，读写点聚焦在写什么上

统编版初中语文教材较多选文表达的是作者对人生、世界的认识，或对人、事个性化观点的认识，这类观点性选文，课堂教学时应结合具体的学情，通常把层级读写内容聚焦在写什么上。比如文章内容与母爱或父爱相关，教师就可设计最感动的母爱或父爱的一个方面进行层级读写表达，这样，课文就是包含着丰富读写点子的"资料库"。

1. 对比中鉴赏

对比是鉴赏、表达的最佳方式，只有通过对比，学生才能认识到表达的异同。例如，统编版初中语文教材七年级上册第二单元是"亲情"专题文章，它们是《秋天的怀念》、《散步》、《散文诗两首》（《金色花》《荷叶·母亲》）、《〈世说新语〉二则》（咏雪、陈太丘与友期行）、写作"学会记事"和综合性学习"有朋自远方来"。在课堂教学中，教师应对其进行单元统整设计，依照单元确定目标，围绕"爱"

引导学生学会选材上的读写表达，可策划的言语实践活动：灾难中的爱、田野上的爱、假想中的爱、荷叶中的爱、家庭聚会中的爱和家门口的爱。引领学生对比、讨论、交流和感悟不同情境中的爱。使其明白表达意图不同，表达内容也会不同，将学生的层级读写内容聚焦在"写什么"的材料上。

2. 生活中感悟

依据课文内容设计教学话题，让学生从多种角度进行层级读写表达，也就是大单元教学。例如，针对统编版初中语文教材中《猫》《一棵小桃树》《走一步，再走一步》等课文文本，教师可提炼话题："主观臆断的栽赃、伤害是错误行径，可现实中是真行径""逆境中不屈不挠地奋斗，定会战胜磨难，创造出美好的未来""实现大目标先从小目标开始，这是获得成功的法宝"等。学生可选择其中一个话题为表达主题，联系生活，读写表达。或者根据课文中的某句话，策划层级读写活动，让学生联系自己的生活，进行随感表达，可写句、可构段，随感而发，随性而作。

（三）范例性选文，读写点聚焦在怎样写上

通常，课文文本在读写表达形式上有模仿学习的写作点，这符合学生言语表达的实际，也是教材编写的意图和课文学习的目的。我们把课文读写内容的策划聚集在某个写作知识点上进行效仿、学用，选择教材内容的众多美点之一，将其转化为教学内容，课堂教学中使学生一课一得，循序渐进，这就是范例选文的价值。

1. 仿写学用

仿写是课堂学习中常用的读写表达形式，教师根据学生实际，依照课文内容可设计写句、构段，如仿写句式、仿写内容、技法学用、章法学用等。余映潮老师在《余映潮：我发现的作文"五笔"技法》一文中，说"中学生作文训练，需要重点关注思维训练和写作技法训练，此二者相辅相成，是科学而扎实地进行作文训练的良方，而最能表现思维规律与示例写作技法的，就是经过精心挑选的'范文'，特别是名家的精美短文"。他发现的"五笔"就是轻点一笔、交代一笔、简叙一笔、

详写一笔和深化一笔，这就是非常有用的"章法学用"，经典文本有莫怀戚的《散步》、朱自清的《背影》、杨绛的《老王》、鲁迅的《阿长与〈山海经〉》、魏巍的《我的老师》和王蒙的《庆炳千古》等，加上鲁迅的《从百草园到三味书屋》中"不必说……也不必说……单是……"的句式仿写，《散步》中的"以小见大"、《回忆鲁迅先生》中的"细节描写"等的技法学用。让学生依照课文内容，通过自己的思考，进行层级读写表达。

2. 人物细描

我们知道，人事，"人"和"事"是不分家的，依据单元目标，用课文中的语言对人物进行细描，如依据统编版教材七年级上册第二单元中《秋天的怀念》，教师就可让学生细描人物，"细心照顾的母亲""再三央求的妈妈""小心翼翼的妈妈"，或《我与地坛（节选）》中"活得最苦的妈妈""找寻儿子的母亲"等，从不同角度，将文章中的语言重新梳理，重新表达，凸显人物特点。这些都是非常有效的读写能力训练点。

3. 原文改写

原文改写是根据课文内容改变其表达策略的读写训练方式，是在原题材的基础上的再创作，即将课文文本内容重新组合语言的读写实践活动。改写形式多种多样，如改换体裁、改变人称、更改表达方式等。例如，根据统编版教材七年级上册第二单元《秋天的怀念》，把散文改写成诗歌。八年级上册第三单元《三峡》是写景散文，如果把文本内容当作解说词的素材，让学生以导游的身份，改写成解说性文字。当然，对短文可进行长文扩写，对长文进行短文缩写。通过这样的方式来培养学生改写的表达能力，这个过程是思维能力训练的过程，是运用语言文字表现美、创造美的过程。

三、读写一体

"读"与"写"伴随着人类文明发展数千年，它们同时产生、共同前进，并以一体化的形式从历史走向现代，也必将发展到未来。可以说，正是依托着"读写结合"的传统，富含民族自豪与人文精神的优秀作品得以传承与延续，诸多写作艺术和技巧得以发展与丰富，如"书读百遍，其义自见""操千曲而晓后声，观千剑而后识器"等。多读多想多思多写，就能悟出读写门径。正因为这样，"读写结合"的教学模式，在长期的课堂教学中被众多教师采用来训练学生。

传统的"读写结合"模式往往从"怎么写"的角度设计写作系列，如文体写作系列、能力点训练系列等，大多数情况下也是根据"怎么写"来策划写作训练，导致训练的机械性和简单化。这样的弊病在于学生"没有学会写作技巧"，"没有形成语文能力"，具有明显的片面性和表面化。

读写一体，是一体两翼或一体两面，注重的是读中必有写、写中必有读，两者相合相依，是对"读写结合"做出的扬弃与整合，是教学理念的革新和教学方法的改进，是根据"部分相加大于部分之和"的理论，让"读"与"写"成为整体，产生"化学变化"，注重的是读写过程中排列组合的重新建构。所遵循的原则：从大单元表达母题的确定到课时微写的形成，都有一个指向，即用学生的言语行为带动学生的阅读。这个过程，是学生通过阅读手段，对文本言语理解获得和储存信息，并对信息进行筛选、加工、整合与运用，通过写作来实现的过程。这样，"读写一体"策略、方法就构成信息流通的循环过程，它们相互融合，互为助力，从而构成读和写一体化过程。

读写一体化是凭借阅读来提高听、说、读、写的能力，这是"实践体系的取向"，真正体现出行为学科的本质。"读写结合"则是通过听、说、读、写来提高阅读能力，这是"阅读体系的取向"，这种取向的课堂教学，属于认知能力的培养，即读懂。下面我们通过同课异构统编版初中语文教材七年级下册第二单元《老山界》来说明。

读写结合型教师〔甲〕：第一，扣住长征中翻越"第一座难走的山"的过程，表现红军的坚强意志和革命乐观主义精神设计教学。第二，检查预习，诵读内容，知晓本文按时间变化和地点转移为顺序来叙述翻越老山界的过程，条理清晰，让学生初步感受翻越老山界的不容易，得出翻越的"难"。第三，从三个方面来解读：①请用文中内容概括这是一座怎样难翻的山？（走路难、睡觉难、吃饭难、处境难）；②为什么说这是一支笨重的队伍？（笨重的原因：饥饿、疲劳、受伤等）；③请用"翻越老山界的红军，他们_____，从这里看出他们的_____"为句型来说明他们靠着坚强的意志和乐观的革命精神翻越老山界。第四，老山界的"景"："找找文中写景的段落，比较描写的详略""作者写景时惜墨如金，你觉得这样合理吗？""老山界夜景却是那样优美，你从中体味到了什么？"第五，老山界的其他人：请以"老山界的人还有_____，他们_____，我从_____看出了_____"为句型填空。第六，小结课文：这篇课文按照红军翻越老山界的时间、地点转换这条极其清晰的线索贯穿全篇，事件的来龙去脉紧紧围绕这条线索展开，让我们体会到了红军的坚强意志、乐观的革命情怀，也学习借鉴了本文的写作方式方法。

读写一体型教师［乙］：预学《老山界》，推送杨成武将军的《越过夹金山，意外会亲人》内容。第一步，直接导入，诵读文章：①依照课文内容，运用课后"读读写写"中任意三个、四个或五个词语（"成语"为佳）写一段话；②文章是按照时间变化和地点转移展开叙述，请同学们画出表示"时间"和"地点"的词语（这也是行文思路）。第二步，战士们翻越了"长征中所过的第一座难走的山"，知晓"难"：①请运用文中内容从"走路难""睡觉难""吃饭难""处境难"等方面概括（体会"一座难翻的山脉"）；②请运用文中内容写一段话来叙述"饥饿的队伍""疲劳的队伍""受伤的队伍"（理解"这是一支笨重的队伍"）；③从他们的身上，我们看到他们是靠着坚强的意志和乐观的革命精神翻越老山界的，请用"翻越老山界的红军，他们_____，从这里看出他们的_____"为句型说话。第三步，老山界的"景"：正是乐观、浪漫的革命情怀，使得红军战士能够藐视困难，能够在极端困难的情况下去发现"美"，这正是红军战士革命乐观主义精神的真实写照。结合课文中的美景和《越过夹金山，意外会亲人》中描写雪山恶劣环境的语句，请用"'之'字形奇观""美丽的神仙山"，感知"景物描写是'以我观物，故万物皆着我之色彩'和'有境界则自成高格'文学观的生动体现。第四步，小结全文：本文我们除了体会到了红军的坚强意志，乐观的革命情怀，也学习借鉴了本文的写作方式方法，希望大家能借鉴这样的写法，把我们今天课堂上"翻越'难'"和"景物'美'"的读写内容再修改完善，争取做到下笔时胸有成竹，心有丘壑。

课堂教学哪种效果好？

课文内容读懂，行文思路厘清，写作技巧知晓，表面上学生懂得了作者是如何写长征中红军战士们所过的第一座难走的山，实际上学生没有动手实践，动手表达，是体会不了红军战士翻越老山界的艰难以及他们的坚强革命意志和乐观革命精神的。然而，课堂上教师策划言语活动，让学生在实践中表达，在表达中认知，阅读和写作，输入和输出（表达），一读一进，从外到内，一写一出，从内到外，只有有了充沛丰厚的"进"才能有流畅欢快的"出"。这样学生就能明白自己是否真正读懂课文内容，会用写作技巧，也就是说，是否真正能用作者的表达方式来表达自己的读后理解与思考。读写一体化的观念，并不是读写的简单相加，而是读中有写、写中有读，二者相互融合，你中有我、我中有你。

四、同题异构

陆赟、王家伦的《对语文赛课命题的"语文"思考》和钱晓敏、王家伦的《从"同课异构"到"同题异构——对语文公开课形成改变的探究》，让"同题异构"进入了我们的视野，使语文教学与之相遇。"同题异构"这一形式的本质特点在于：依照单元内容先确定具体明确的学习目标，在不同课文的教学中使用恰当的教学手段，指导学生进行课时层级读写训练来实现这个目标的教学策略。这样的形式于教师、学生、语文教学都是大有裨益的。

从"同课异构"的缘起来说，"同课"就是相同的课文文本，"异构"指构建不同的课堂，也就是采用"同文异教"的形式。教师选择相同的课文内容，自行制定学习目标，灵活选择教学策略，达成教学活动提高学生语文学科能力的目的即可。因此，在教师竞聘、优课评比、示范展示等活动中得到广泛运用。我们知道，教师同样存在个体差异，教师对教材内容的解读、教学内容的设计、学习目标的定位，教学手段的选择、教学过程的实施等都具有鲜明的个性色彩，这与教师自身的知识水平、教学理念、学科素养等有直接关联。因为"同课异构"主要考查教师对教材内容的解读能力和把教材内容转化为教学内容的想法付诸课堂的教学能力。

"同题异构"中的"题"指目标（主题）而非课文，它强调的不是多人用不同的教学设计引导学生学习同篇课文，而是多人用不同的课文文本内容引领学生学习相同的知识能力目标，或其目标中的分目标。它看重的是教师对学习目标的达成情况，学生对学习目标的掌握和语文能力的提升情况。"群文阅读"是一种主题阅读，讲究单篇带动多篇，实现阅读量的扩展与延伸，更倾向于"人文"性。而"同题异构"在理解课文文本内容的同时，要凸显学生学会并会用某项语文技能和提升语文能力的过程，体现在"通过'工具'渗透'人文'"的过程和方法。

叶圣陶先生说过"教材无非是个例子"。语文新理念倡导由"教教材"转移到"用教材教"上，"同题异构"就是非常好的践行。课堂上"神（题）"明确而集中的学习目标，即课堂中指导学生学会并会用某个知识能力点，而用什么策略"散（异）"来教学，教师则有多种自主性，遵循统编版语文教材主编温儒敏教授的主张，"新教材虽然力图把教读、自读和课外阅读三者结合起来，但也还需要教师去'加码'，建议教师采取'1+X'的办法，即讲一篇课文，附加若干课外阅读的文章"。学习课内文章，推送课外经典作品，不同内容的体裁题材、古今中外、篇幅长短、语言迥异等，符合教学目标，皆可作为例子来使用。为了有章可循、有法可依，教师可依照统编版教材编排体系，着眼单元整体设计，即单元整篇读写"面"，通过课时读写"点"，从"小目标"到"大目标"的成功过渡，实现落实素养、提升能力、读写共生之目标。

统编版初中语文教材以语文要素和人文主题双线组元的编排体系，即教读、自读和课外阅读三位一体的阅读体系来安排文本素材，教师课堂教学过程中，可依照学段目标、分册目标，先制定单元目标，再设计课时目标，通过分课段、分课时的教学，先实现课时目标（分目标），再实现课段目标（段目标），最终达成单元目标（总目标），让知识素养化。

第二节　价值意义

一、指向表达中心的层级读写课堂教学阐释

指向表达中心的层级读写课堂教学，是通过"同题异构"大单元谋划、读写一体课堂实践策划，采用"微视角（微写作）+"策略，在读写实践活动中，帮助学生理解与掌握语言文字运用的基本规律，训练思维能力，培育学科素养，让学生从"表达"处读懂文章，学习文本的"表达"方式，掌握"表达"策略，提升"表达"能力，让学生恰当地表达、得意地表达、智慧地表达，从而使教学目标靶向更精准，教学内容更清晰，教学思路更简明，教学活动更集中，教学效果更有效。（图1-1）

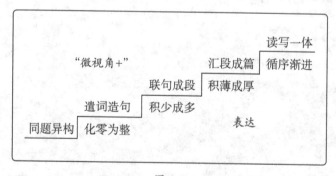

图1-1

二、实施说明

在课堂教学中，教师基于学生创新素养的发展视角，通过层级读写的教学常态化，以及策划预学、活动实践、层级任务、整本书阅读等多

种形式，采用"微视角+（微写作+）"策略，进行层级读写实践训练，开展课时微写（写句、构段），再过渡到对整篇文章的谋划（谋篇），提升学生的语言建构能力，促进学生语文读写素养得到全面发展。

（一）遣词造句

通常情况下，在课堂教学前，我们都会要求学生课前预习，这种预习一般只是局限于熟悉内容、了解背景、掌握字词等文章表层，而对于文章的结构布局、语言特点、技法运用等深层级的学习还是有欠缺的。在大量的教学实践中，我们尝试课前引导学生利用"写句"对文章内容进行深层次预学；课中可运用"写句"组织教学，运用"构段"训练思维，落实素养，提升能力。

（二）联句成段

片段（段落）写作，是语言学用、学以致用达成的最好策略。在有限的40～45分钟课堂内，整篇文章的写作有困难，而片段写作可创设情境，策划活动，如转述内容、文本品析、多角训练、合理猜想、变换表达方式、积累运用、诗歌创写、情景想象等。组织学生先写后改，当堂提升，使读写训练落到实处，可起到教学目标细致化、活动实施有序化、技法掌握实效化、情感表达充实化的作用，以此提高课堂教学质量，做到一读一写、一练一实、一课一得，逐步提升，循序渐进。

（三）汇段成篇

布局谋篇就是合理安排文章结构，使文章在结构上详略得当、重点突出，谋篇不仅可以提升学生分析材料的能力、综合思考的能力和行文构思的能力，更是提高学生读写想象能力、创新能力，有利于读写整体能力的提升。因此要重视学生谋篇布局的训练，引导学生围绕单元目标选取典型素材，安排文章结构，全面提升层级读写能力。

三、特点分析

（一）读写常态化

在语文课堂教学中，我们看到的是教师手捧课本激情飞扬地解说，学生依照教师的问题自主品读文本后进行小组成果展示，或链接自读材料，端坐凝神、声情并茂地自读，似乎这就是语文课堂教学。但回味细想，这不正折射出课堂中我们是重读轻写吗？指向表达核心的层级读写课堂教学依据课时目标，运用任务板块设计，分2~4步做到内容理解、选点评析、技法实践、学用提升，从而改变语文课堂教学中"重读轻写"的状况，让读写成为学生学习语文走"常态化"道路的有效策略。

（二）课堂简单化

在相同的教学目标下，教师根据各自班级的具体学情，运用创新方法，创设言语情境，策划实践活动，训练学生思维，学生可由"内容理解"到"选点评析""技法实践"再到"学用提升"，由"学懂"到"会用"，达成读写相融、读写一体，分步骤，拾级而上。这样使原本高陡的台阶变得平缓了，原本困难的事情变得简单了，学生拾级而上，轻松愉悦地到达了目的地，品尝了果子的甘甜，感受了成功的快乐，就自然而然地认为读写是件简单的事情。

（三）表达层级化

层级化是将对象状态转换为可保持或传输格式的过程。当前个别语文课堂教学中存在"随心所欲"的现象，这里的"随心"，随的不是学生的"心"，而是教师的实践活动安排；由于课堂时间为40~45分钟，课堂中依据目标，有时读写能够完成，有时把"学用提升"就安排到了课后完成，脱离了具体的情境，课堂教学质量就大打折扣。指向表达核心的层级读写课堂教学模式遵循循序渐进原则，由浅入深、由易到难、由简到繁，从"遣词造句"到"联句成段"，再到"汇段成篇"，有目标、有设计、有步骤，层级递进。

四、成果创新

（一）教学理念创新

创造性地使用教材，通过同题异构大单元谋划、读写一体课堂实践策划，采用"微写作+"策略，可使教学目标靶向更精准、教学内容更清晰、教学思路更简明、教学活动更集中、教学效果更有效。此过程不仅有利于实现"立德树人"教育目标，还可以通过读写任务群策划，在读写实践活动中，帮助学生理解与掌握语言文字运用的基本规律，训练思维能力，培育学科素养。

（二）教学模式创新

运用《语文微点训练册》训练模式，就是要促进学生在规定的五个板块（创写、练字、摘句、析句和写句）的训练中从"量"向"质"转变；从"被动"向"自觉"转变，质量从"差"向"好"转变，能力从"弱"向"强"转变。正是落实"五项管理""双减"政策的良好层级读写举措，让课堂教学从"表达"处读懂文章与学习文本的"表达"方式，在策划写读的"表达"处学习"表达"，掌握"表达"策略，提升"表达"能力，让学生恰当地表达、得意地表达、智慧地表达。

（三）课堂教学创新

由"结果"转向"过程"，由"考试"走向"课堂"，由"成绩"走向"素养"。通过"先写后改、当堂提升"的课堂教学，来改变课堂的"教懂文章"，转向"会学、会用"；通过课堂教学、下校视导、联片教研和学科培训等方式来检验成果，再走向同题异构的单元整体规划教学。课堂上采用"微写作+"策略，形成以表达为中心的层级读写课堂教学模式，由"写句"到"构段"再到"谋篇"，把提高课堂教学质量推向深入。

五、语文微点训练册

（一）片段、日记或创写

"片段、日记或创写"共十行内容，200字左右。其中的"片段"，七年级120字左右，八年级150字左右，九年级180字左右。所设计的空间正好符合所训练的要求："日记"记录每天发生的最有价值的人、事、物、景等内容，做到日日记、天天练，达到夯实基础、养成习惯、落实素养、提升能力的目的；"创写"可写诗、写散文、写散文诗、写童话、写连载小说、写读书笔记等，形式多样，内容丰富。

大体上低年级侧重"养成习惯"，求数量；中年级侧重"夯实基础"，求质量；高年级侧重"能力内化"，求个性。各年级又可以根据学生的实际水平，允许超越年级训练标准，对少数优秀学生，还可允许他们按自己的特长确定自己的"创写内容"，不主张用统一标准评价学生。

（二）练字

"练字"，安排54字，分九行，每行六个空格。从视觉角度，美观、大方、漂亮；从空间角度，满足学生每天练字的需求。语文教学中的写字水平，既需要教师的引导和示范，也需要学生个人长期的努力。练字是强调"练"，而不是普通意义上的"写"或"划"。"练"要长期坚持，直至练出精气神，练出境界。

（三）摘句

"摘句"，摘录的句子可以是课内，也可以是课外。由平时教学实践得知，很多学生不熟悉课本内容，更别说是课外阅读内容了。优美的句子，课内、课外都有。设置摘句的目的是促进学生去读书，养成学生阅读的良好习惯，同时不断增加学生的语言积累。这就需要学生在摘抄的过程中还要有"选择"，不断提高句子的欣赏水平才行。这样的摘抄，会让学生在日积月累的过程中不断强化语文基础，提升语文素养。

（四）析句

"析句"，这个板块是"摘句"的补充与解释，对所"摘录的句子"要说出它的"妙处"来。统编版初中语文教科书的"编写意图"中就有"析句"的要求。例如，《春》第4题：想象下列各句描绘的情景，说说加点语句的表达效果。《济南的冬天》第3题：品味下列语句，体会句中拟人手法的表达效果等。贵州省特级教师、正高级教师陈永洪说的"再进一步"，就是指对所摘录的句子说出它的好处或妙处来。这是把文字转化为画面，再从画面转化为文字的过程，让学生沉入深深的思维训练过程中，真正做到对知识的"内化"。再者，"析句"贯穿初中语文教学始终，在历年中考升学考试中也是检测的重点，只有让"析句"纳入学生语文学习的常规，才能真正建构起语言学用的平台。

（五）写句

"写句"是学生学习语文必不可少的实践内容，是"摘句""析句"的强化与实践。语言的训练体系是由小到大、由浅入深构成的，是"字—词—句—段—篇"体系。学生可根据"摘句""析句""仿写"，也可根据情景自由创写等。此板块是对知识"内化"的真正体现，是"摘句、析句、写句"一条龙式的训练体系。从思维和技巧上，写句的思维和技巧就是作文思维和技巧的雏形，只有在句子训练中，学生才真正能感受到作文的思维和技巧。认真练句，就需要引导学生大量地把普通句子锤炼成精彩语句，掌握若干写句子的思维规律和技巧，从而在这个过程中积淀写作的思维和技巧。

《语文微点训练册》设计时尚，创意精妙，外表美观，能让学生在点滴积累中进步，在层级训练中提升，在落实素养中成长。总之，运用《语文微点训练册》，就是要促进学生在规定的五个板块的训练中从"量"向"质"转变，，从"被动"向"自觉"转变，质量从"差"向"好"转变，能力从"弱"向"强"转变，让我们的探索更有实效，让我们的语文更有光彩。

六、课堂革新

（一）读写常态化

依据课时目标，精心设计课堂教学，把"写"由课后转入课内，让学生在特定的情境中实践训练，做到"会用"，追求高质，从而达成"读写一体"课堂教学，让读写成为学生学习语文走"常态化"道路的有效途径。

（二）课堂简单化

课堂教学中运用板块设计，分"内容理解、选点评析、技法实践、学用提升"等多步走，学生从"学懂"到"会用"，拾级而上，轻松愉悦地到达目的地，品尝果子的甘甜，感受到成功的快乐，就自然而然地认为读写是件简单的事情。

（三）表达序列化

课堂教学遵循循序渐进原则，由浅入深、由易到难、由少及多，由薄积厚，从"写句"到"构段"再到"谋篇"，有目标、有设计、有步骤、有序列地层级递进，表达序列化、层级化。

02

第二章

指向表达中心的
层级读写教学观建构

第一节　基于立德树人的教学

一、"立德"与"树人"

"立德"最早源于鲁国叔孙豹之"三不朽论"，即"太上有立德，其次有立功，其次有立言，虽久不废，此之谓不朽"。人生最高的境界就是要有崇高的道德理想和灵魂追求，然后是事业追求、建功立业，再次是有知识有思想、著书立说。这三者是人生不朽的表现。"德"的内涵极其丰富，"灵魂"是"德性"的精华，一个真正"有德性"的人必定是"有灵魂"的人，人灵魂的高贵、品性的高尚是人生境界的追求，教育就是要帮助学生树立人生的崇高境界。马克思曾从三个方面揭示了人们思想灵魂的三重世界：一是由"希望、信念、信条"等理想性因素构成的以"信仰"为核心的意义世界，发挥着统摄和主宰作用；二是由"原则、人生观"等规范性因素构成的以"价值"为核心的观念世界，发挥着基础作用；三是由"旧日的回忆、忧虑和希望、独特的情感、同情和反感"等基础性因素构成的以"精神"为核心的"情感世界"，发挥着支撑作用。"树人"，《管子·权修》曰："一年之计，莫如树谷；十年之计，莫如树木；终身之计，莫如树人。"这句话说的是种粮食是为当年打算（一年打算，就种粮食），种树是为十年后打算（十年打算，就种树），一辈子的打算，就帮助教导别人（一生打算，就教导人），树人包含"成学""成人""成业""成己""幸福"等的重大教育意义。

《礼记》曰："师也者，教之以事而喻诸德也。"师德与君德有同样的道理；孔子曰"修己以敬""修己以安人""修己以安百姓"，提倡个人以君子人格为标准，使自己的道德情操臻于完美。汉代《法言·学行》中曾言"……师者，人之模范也""学者，所以求为君子"，承认教师道德角色的极端重要性——师者是作为世人楷模、开化智性和解放灵魂的生命存在，而其职业价值和君子形象的转化仍需借由"修身养性"的渠道实现。

教师职业是古老的职业，古今中外，教师都是智者的化身。党的二十大报告指出："育人的根本在于立德。全面贯彻党的教育方针，落实立德树人根本任务，培养德智体美劳全面发展的社会主义建设者和接班人。""立德树人"是中国古代优秀师德理念的坚守与再创，是立足中国特色社会主义新时代、办好人民满意教育的重要指引，是教师队伍建设和未来教育强国的重要保障。教师是培育人才、塑造灵魂的生力军，必须树立崇高的责任感和光荣的使命感，落实立德树人根本任务，在中华民族伟大复兴的征程上，昂首阔步、勇往直前。

二、课堂教学是主阵地

2019年6月23日，中共中央、国务院《关于深化教育教学改革全面提高义务教育质量的意见》中指出："强化课堂主阵地作用，切实提高课堂教学质量。坚持教学相长，注重启发式、互动式、探究式教学，教师课前要指导学生做好预习，课上要讲清楚重难点、知识体系，引导学生主动思考、积极提问，自主探究。融合运用传统与现代技术手段，重视情境教学……"此中明确指出课堂是教学的主阵地。

我们现行的统编版教材就是"培根铸魂，启智增慧的精品教材"，现行统编版语文教材的最大亮点之一就是重视学生阅读能力与阅读兴趣的培养，建设"三位一体"的阅读教学体系，同时格外注重让语文课由课内向课外阅读延伸，进而拓宽学生的语文学习生活。教材在编排上搭建了很多"桥梁"，从课内教材文本到课外阅读链接，从课后习题到词句段运用，教材呈现出递进螺旋上升的规律。所以，现行语文教材不仅可以用于阅读教学、写作教学、说话教学，用于知识教学、复习训练和思维训练，可以从整体到片段、课内外相结合、某个专题研讨等多个角度运用，还可以提升语文教师钻研、把握、利用教材的能力和素养等。因此我们要充分利用教材，策划专业的实践活动，训练学生，落实素养，提升能力。

2021年7月24日，中共中央办公厅、国务院办公厅印发《关于进一步减轻义务教育阶段学生作业负担和校外培训负担的意见》，很快全国各地都出台各种措施推进"双减"。作为教师的我们都知道，有效提升教学实效质量的就是课堂，课堂关乎着教师生命价值的展现，影响着教师自身的发展。有效课堂教学是师生平等交往、高质互动的物质港湾，是师生展现智慧魅力、演绎生命价值的人生舞台，也是师生感受幸福、共同成长的充满诗意的精神家园。课堂教学就是"立德树人"的主阵地、大舞台。可是在实际教学中，我们的语文课存在教得多、育得少的现象。课堂中重视考试的语用能力，试题训练关注学生对了多少，考试中关注学生考了多少分，等等。对于给学生的人生影响、能力增长、提升思维等关注很少。2021年10月14日，由人教社组织的"名著阅读课程化的方向与路径探索"研讨时，专家们说，"让名著阅读成为幸福的事""从梳理知识到沉浸阅读，到增值评价，让其形成经验形成能力，从而获得成功""课程教学通过课本剧培养学生阅读的兴趣，促使学生主动参与课堂学习，真正凸显学科的育人价值"……课堂教学既要"教书"，由课本知识的学习让学生考个好成绩，又要"育人"，即"立德树人"，让学生学会学习，为今天，也为将来。

新课标的"课程目标"中表述："核心素养是学生通过课程学习逐步形成的正确价值观、必备品格和关键能力，是课程育人价值的集中体现。义务教育语文课程培养的核心素养，是学生在积极的语文实践活动中积累、建构并在真实的语言运用情境中表现出来的，是文化自信和语言运用、思维能力、审美创造的综合体现……核心素养的四个方面是一个整体。语言是重要的交际工具和思维工具，语言发展的过程也是思维发展的过程，二者相互促进。语言文字及作品是重要的审美对象，语言学习与运用也是培养审美能力和提升审美品位的重要途径。语言文字既是文化的载体，又是文化的重要组成部分，学习语言文字的过程也是学生文化积淀与发展的过程。在语文课程中，学生的思维能力、审美创造、文化自信都以语言运用为基础，并在学生个体语言经验发展过程中得以实现。"

任何学科既具有自身的语言表达、知识层级和思维逻辑，也包含自身内在的价值意义和道德意义，是学科知识的内在特征，是人的价值观构成的重要因素。在课堂教学中，教师要充分挖掘语文学科的道德教育资源，使文章内容的字词句章、结构布局、文化传承、人物情感等在学科上同样蕴含着正义、同情、伦理等道德价值。课堂教学要把教学内容转化为学生的成长行为，使学生通过学懂到会学、会用，将课堂学到的知识延伸到自己的日常生活中，逐步转化为成长自觉，与生活牵手，让生命发声，让语文进入生命、唤醒生命，内化为深厚的文化底蕴和丰厚的人格素养，提升生命的质量和品位，让生命变得更加美好、更有力量、更有意义。课堂教学唯有坚持育人价值的目的性，才能保证学科价值得以健全；唯有通过学生与文字的交往互动的实践，才能让学生学会用语文的方式解决语文的问题，培养学生的语文思维，关注语文思想，落实立德树人的根本任务。这也正是课堂教学的价值所在。

三、"小视角·大单元·明思辨"读写一体教学

（一）研究背景

"互联网+创新素养教育"是宁夏义务教育当下改革的主题、未来发展的主线。"互联网+"注重技术层面，创新素养教育侧重内涵层面，两者互动，融合创新，驱动宁夏义务教育教学发生深度变革。

随着创新素养教育的深入推进，语文教师在课堂上的教学任务还是以"教懂文本"为主，还存在较多的低效教学活动，教学中重视阅读、弱化写作现象依然存在。《基础教育课程改革纲要（试行）》中提出，要"改变课程实施过于强调接受学习、死记硬背、机械训练的现状，倡导学生主动参与、乐于探究、勤于动手，培养学生搜集和处理信息的能力、获取新知识的能力、分析和解决问题的能力以及交流与合作的

能力"。

在"互联网+创新素养教育"的时代背景下，我们的课堂教学改革要充分体现新时代立德树人的根本要求，以创新素养教育为基本价值取向，紧跟时代，全面提高义务教育质量，培养德智体美劳全面发展的社会主义接班人和建设者，加快推进教育现代化建设的总目标。我们提出在读写一体理念统领下，通过单元统整设计思想，课堂中运用"小视角+"策略，依据统编版教材"三位一体"阅读体系，把他人思想转化成自己的思考，再组织语言重新表达，由"写句"到"构段"再到"谋篇"的层级递进的"小视角·大单元·明思辨"的创新策略、创新方法，在情事入理的剖析中培养创新思维，达成创新人格，从而实现提高学生分析问题能力、体现表达能力、彰显理解能力、呈现思考能力等的最终目标，让学生在快乐中学习，在学习中提升，在提升中成长，使学生乐学、学会、会用，真正成为学习的主人。

（二）研究目标

《中共中央　国务院关于全面深化新时代教师队伍建设改革的意见》指出：促进教师终身学习和专业发展，转变培训方式，推动信息技术与教师培训的有机融合，实行线上线下相结合的混合式研修，改进培训内容，紧密结合教育教学一线实际，组织高质量培训，使教师精心钻研教学，切实提升教学水平。《中共中央　国务院关于深化教育教学改革全面提高义务教育质量的意见》中指出：充分发挥教师主导作用，引导深入理解学科特点、知识结构、思想方法，科学把握学生认知规律，上好每一堂课，突出学生主体地位，注重保护学生好奇心、想象力、求知欲，激发学习兴趣，提高学习能力等。依据要求，课堂中更新教师教育思想，改革传统的读写方法，通过引领阅读经典，观察生活，引导学生在欣赏中体会表达技巧，品味文字的温度与质感。教师要把学生引入表达状态，引动情思，唤醒学生表达情感，让学生自主参与学习，切实减轻学生的课业负担，就如叶圣陶先生所说，要学生"心有所思，情有所感，而后有所撰作"，最终实现"教师'教'得轻松，学生'学'得愉快，读写一体效益好"的"三赢"目的。

（三）价值意义

"小视角·大单元·明思辨"既是一种课堂学习模式，也是一种教育思想理念和原则。它符合现代教学论和哲学理论，符合"循序渐进，学生为主体，教师为主导"的教学原则，面向全体学生，培优补差。课堂上通过单元统整设计思想，运用"小视角+"策略，依据统编版教材"三位一体"阅读体系，把别人的思想转化成自己的思考，再组织语言重新表达，采取由"写句"到"构段"再到"谋篇"的层级递进的创新策略、创新方法，在情事入理的剖析中培养创新思维，达成创新人格，从而实现学生分析问题能力、体现表达能力、彰显理解能力、呈现思考能力等的最终目标。

基于"互联网+创新素养教育"背景，我们在宁夏第五届基础教育教学研究课题《"先写后改、当堂提升"海原县初中生微点写作实践研究》一等奖成果的基础上，改变教师角色，转变教学观念，根据"部分相加大于部分之和"的整体理论，让"读""写"形成整体，产生"化学反应"，使其不仅有数字、形状、功能的变化，更具有事物性质的变化，具体做到以下方面：

（1）新课程强调调动学生学习的积极性、主动性，合作探究使课堂气氛变得活跃；鼓励学生自主探究或合作探究解决问题，激发学生的学习兴趣，让学生积极参与到学习中来。

（2）教学中通过引领、引导、引入和激励等手段的运用，转变学生学习方式，唤醒学习情感，落实核心素养，提升语文能力。

（3）切实改变课堂上老师一"教"到底的做法，把时间还给学生，把主动权交给学生，让学生参与课堂学习，由被动的"要我学"变成主动的"我会学""我会用"，呈现出积极的对知识的渴求，回归语文学习正道。

第二节　互联网视域下的教学

一、"互联网+教育"发展

2018年7月，教育部正式批复建设宁夏"互联网+教育"示范区；11月，教育部与宁夏回族自治区人民政府联合召开"互联网+教育"示范区建设启动大会，全面启动示范区建设工作，这为宁夏教育的改革发展带来了新的机遇，推进"互联网+教育"已经成为各市、县、学校的首要工程。

2019年6月23日，中共中央、国务院《关于深化教育教学改革全面提高义务教育质量的意见》中指出：推进"教育+互联网"发展，按照服务教师教学、服务学生学习、服务学校管理的要求，建立覆盖义务教育各年级各学科的数字教育资源体系；加快数字校园建设，积极探索基于互联网的教学。推进"互联网+教育"，本质上就是要通过互联网思维、模式、方法推进互联网及其相关技术与教育深度融合，实现对教育的变革，创造教育新业态，实现更高质量的教育，回归教育的本质。

时光不负有心人，夜光不问赶路人。全区"互联网+教育"示范区建设稳步推进：高标准建设数字校园，数字化教学环境日臻完善；高起点建设"互联网+教育"云平台，优质教育资源实现全面覆盖；高要求开展"三个课堂"，薄弱学校办学水平普遍提升；高水平推进融合应用，教育教学创新变革持续深入；高层次专家驻校指导，示范区建设工作稳步前进；高效能提炼经验模式，"互联网+教育"制度标准体系加快形成；高质量开设空中课堂，在疫情大考中交出优异成绩。

"互联网+教育"加快发展，必将带来信息技术与教育教学深度融合，发挥互联网、大数据、人工智能等技术优势为教育教学助力、赋能，促进优质教育资源共享、教育教学方式创新、人才培养模式变革、教育治理水平提升、高质教师队伍打造，通过推进"互联网+教师"促进城乡教师专业发展、"互联网+资源"促进优质教育资源开放共享、"互联网+教学"提高人才培养质量、"互联网+治理"优化教育治理体系等路径，对"互联网+教育"优质均衡发展具有显著作用。在县域范围内，充分发挥专家团队在"互联网+教育"科学研究、专业咨询、业务指导、评估检查等方面的作用，促进"互联网+教育"建设工作科学、规范、协调、高质、健康发展；采取线上与线下相结合、专项培训与融合培训相结合等方式，多层次、全方位开展宁夏教育云网络空间、教学助手、在线课堂、智慧校园等普及应用培训，提高教师信息素养和应用水平；继续挖掘和发挥"三个课堂"作用，解决农村薄弱学校教师不足、资源缺乏、音体美教师紧缺等问题，促进教育资源共享和区（县）域内教育均衡发展。积极发挥区市县示范校、标杆校示范引领作用，及时总结和推广典型经验，逐步形成以示范校、标杆校、试点校为龙头，辐射与带动本地各学校共同发展、共同提升的良好局面；坚持抓校长、校长抓的工作理念，建立强化应用的长效机制，转变教学和教研活动方式，建立相应的制度规范，鼓励、引导、督促教师运用信息技术，促进教师普遍用、经常用，备课用、上课用、布置作业用、师生交流用，将信息技术融入教育教学全过程。吸取区内人工智能助推教师队伍建设试点校取得的经验，积极探索人工智能助推教师管理优化、助推教师教育改革、助推教育教学创新，实现教师队伍建设与人工智能的全面融合，实现教师人人想用、人人会用、人人用好人工智能新技术的新局面；利用大数据平台，尝试推动教务管理、教学创新、应用创新等方面工作，尤其在教育教学精准预测学生的学习情况、课程的受欢迎程度以及探索新的教育方法中，指导师生改进教学行为。

一朵"云"，实现资源共享；

一根网线，促进教育公平；

一块屏幕，催生课堂变革。

……

风正潮平，自当横渡沧海；任重道远，更须跃马扬鞭。

只有教育信息化，才能实现教育现代化。在"互联网+教育"背景下，在信息化与教育教学深度融合的实践中，宁夏示范区将进一步健全"互联网+教育"资源建设与应用机制，持续推进宁夏教育云深度应用，积极探索"互联网+教育"实践创新，形成支撑和引领教育现代化的新途径和新模式，为宁夏"互联网+教育"深入推进做出积极贡献。

二、互联网视域下的读写一体课堂

阅读和写作是培养学生核心素养的主要阵地，是语文教学的重要内容。语文教学依托宁夏教育云平台的多种功能，如文本研读、推送资料、质疑反馈、精准定标、实践互动、创意表达、技能训练、拓展素材、丰富读写等板块，通过云技术对海量学科资源信息进行有机整合，设计学案、制作微课、编辑课件、剪辑视频、分享实践、反馈提质。在"互联网+"背景下，为了追求师生共同发展、提高教学质量和学习效率，语文智慧课堂将直观科学记录学生的情况，及时帮助教师掌握课堂动态，调整课堂发展，实现线上线下、课内课外读写一体化大实践、大课堂。

（一）研析确定目标，拓展内容读写

我们知道语文教学，既有课时、课文和单元目标，也有课程目标，乃至教育目标，根据课程目标、学生学情、单元导读、单元写作、课后思考探究、积累拓展、阅读提示等来确定单元目标，在其基础上再确定课文目标、课时目标。新课标指出，教师应创造性地理解和使用教材，积极开发和应用课程资源，助力课堂教学。因此，在"互联网+"背景下的课堂教学，要改变传统课堂，在培养学生读写能力的基础上，拓宽学生的文化视野，培养学生的审美意识，传承中华优秀文化。

凭借宁夏教育云平台，利用"人人通"导学功能，单元教学时先推送形式多样、内容丰富的预学资源，如微视频、数字教材、图画、课件

等，学生自行朗读课文内容，再使用手机、平板电脑链接数字教材，点击听读课文，观看讲解视频，再在班级群里进行交流研讨，实现互助互学。通过云技术平台，学生把预学中的问题和困惑、讨论交流的内容、完成的测试信息等反馈给教师，教师对学生的预学效果进行数据汇总，精准掌握学情，制定科学有效的单元教学目标，再在单元总目标的统领下制定分目标。

（二）实践情境表达，助推技能读写

一般来说，语文核心素养就是用文字在具体情境中解决与语文相关的问题，而后形成较强表达能力、必备品格和正确价值观。依据目标，创设情境，就文选材的微点读写就是很好的策略，它选材角度小、内容简短，形式多样，容易引发学生的写作兴趣，又能促进学生对文本的深入理解。课堂教学使课堂上师生、生生互动交流，再借助云端平台互动探讨，实现教师与学生、学生与学生、人机之间全时空立体高效的互动沟通，在互动中掌握学习情况，根据学习反馈进行科学指引，获得高质教学实效。

凭借智慧平台，利用移动终端引入课堂的便利，把学生微点写作内容拍照上传，或展台演示，或进行课堂分享与交流。这样不仅能促使生生同步互动，还能营造良好的学习氛围，极大地提升课堂实效。凭借教育云技术手段获取学习资源和信息，教师还可以和学生共同发帖讨论，分享学习成果。同时教师通过读写范例呈现、技能运用指点，再在信息技术平台上利用检测工具统计学生学习效率的数据，既能及时掌握分析结果，又能看到学生学习中的薄弱环节，做精准施教，实效助推。

（三）拓展阅读素材，丰富读写

"阅读是语文教学的根，只有根深才能叶茂枝繁、绿阴如盖，才能成就参天大树。"在课堂学习中，部分学生在写作时仍然"江郎才尽""不知所云"，原因在于阅读范围狭小，缺乏观察生活，缺少思考生活，更重要的是缺乏有效读写训练。统编版语文教材主编温儒敏教授说："教材只能提供少量的课文，光是教课文、读课文是远远不够的。新教材虽然力图把教读、自读和课外阅读三者结合起来，但也还需要教

师去'加码'。"基于大数据背景，我们应改变课堂结构，推送优质资源，扩大学生阅读范围，拓宽阅读渠道，提供读写范例，促使学生仿学，带动课堂，彰显靓丽风采。

许多课文文本后都有阅读篇目推荐，或是与课文作者相同、相似的作品，或是不同作者相同主题的文章，这样就极大地拓宽了学生的阅读视野，加深学生对单元课文的理解，教师可依据学生的具体情况，再推荐符合条件的作品指引学生阅读，同时将读写实践训练贯穿其中，对学生读写意识培养是极大的补充。思想的宽度就是语言的宽度，智慧的魅力就是语言的魅力。阅读和写作相辅相成，读写一体，互为助力，在阅读中汲取甘甜，培养学生自我思辨能力，使学生形成科学人文价值，通过情事入理的剖析来培养学生分析问题能力、体现表达能力、彰显理解能力、呈现思考能力。

沿着教材的河，划着技能的船，伴着学生汇入大海。义务教育阶段是语文知识积累和关键能力培养的重要阶段，语文教师要重视单元统整下读写一体的课程资源应用方法和策略研究，多方渗透，在写作中培养情感，在阅读中伴随写作，抓紧教材，把握学情，恰当转化，培养习惯，提升能力。依托教育云资源公共服务平台，融合大量实用功能，实现基于云技术平台的互联互通，开放共享，实现智慧时代的新型教育。

三、"互联网+"赋能初中语文单元主题教学新境界

2018年4月，教育部出台的《教育信息化2.0行动计划》指出，要实现从学科专用资源转向全学科大资源，从提高学生信息技术应用能力转向提升信息素养化，从应用融合发展转向创新融合发展。深度学习的语文单元主题教学实践就需要这样的新转变、新境界。单元主题教学是教师以学科课程标准为指导，甄别和筛选具有相同主题的各类知识，将其统整于相同单元中，有效地融入课堂，服务课堂。在教学设计时，教师应围绕单元主题教学内容整体策划，创设任务情境，不断扩大语文课的外延，让其与其他学科、其他教学活动融会贯通，构建以语文课程为核

心的学习平台，使学科相互融合，找到语文课堂教学的新样态、新境界，培育适应时代发展的新型人才。

（一）创设任务情境，策划跨学科学习，拓宽表达覆盖面

《义务教育课程方案和课程标准（2022年版）》明确提出，各门课程要用不少于10%的课时设计跨学科主题学习，积极探索新技术背景下学习环境与方式的变革。新课标主要以学习任务群组织与呈现课程内容，其中专门设置了跨学科学习任务群，并对其在各学段的学习内容做出具体明确规定。新课标提出，要引导学生在广阔的学习和生活情境中学语文、用语文，要充分发挥现代信息技术的支撑作用，拓展语文学习范围，提高语文学习能力，而人工智能信息技术的灵活运用在单元主题教学中，对创设任务情境的跨学科学习有明显的优势。

在单元主题教学中，创设真实任务情境，策划跨学科学习，是围绕各学科中的相同主题，从单元教学的高度对其进行统整设计，开展众多学科的融通教学，让语文学科与其他学科融会贯通，拓宽表达范围，形成教学合力，从而打造单元教学新境界，促使学生深度学习，培养学生的自由人格、跨学科意识和创造性解决问题的能力。这种借助互联网优势，立足生活，注重体验的跨学科学习任务情境创设和开展定会开启语文课堂教学新境界，将对提升学生的理解力和想象力产生良好效果。

（二）探究任务情境，开展项目化学习，增强活动深度

单元教学这种教学形态，是将单元内部知识进行统整。组织开展系列团队活动，可突出学习内容的系统性和实践活动的深度。而大单元视野下的项目化学习，是指在特定单元内，在互联网多媒体课堂情境中，在教师引导和学生参与条件下，由师生共同完成不同学习项目，帮助学生理解单元内的重难点知识，设计符合当前阶段学生身心发展规律的项目化学习活动，在其中融入不同的合作探究内容，可以有效调动学生的语文学习积极性，从而实现教学目标，切实提高教学效率，锻炼学生的自主学习能力，让学生在学习中收获成功的喜悦，有助于提高教学效果，促进学生的语文素养发展。

在单元统整教学中，让学生在真实教学任务情境中探究学习，就能够激发学生的语文学习兴趣，让学生对不同的学习项目产生兴趣，再引导其深入探究所学知识，使之在兴趣的驱动下，产生学习语文知识的主观能动性，并对其进行反思。在经过深刻的反思后，学生明确今后的语文学习方向，会在不同的阅读、写作环节，更加认真地分析教师提出的问题，推进大单元视野下的项目化学习高质量进行。在单元统整教学中，教师借助互联网"思维导图"工具，梳理关键信息，厘清自己的思维，开展项目化教学活动，顺应语文课程核心素养总体要求，激发学生的语文学习兴趣，从而营造学习氛围浓厚的环境，不断提升教学效果，使学生能够在做中学、学中思，实现知识向能力的转化。

（三）迁移任务情境，指向生活化学习，注重体验归属感

"生活即语文"，在条件允许的情况下，学校应尽可能为学生提供生活实践的机会，通过创设具有综合性、关联性和实践性的语文学习活动，增添学生对知识的体验，使学生对所学知识和技能进行再吸收与消化，鼓励学生在对所学主题内容模仿性输出的基础上，迁移所学知识，并将其转化为能力，运用于自己的生活当中。教师通过AP/VP室观察，后台大数据分析，直接询问和倾听学生的生活体验，给予学生帮助与指导，使学生对所学的知识有社会归属感、实用感，促进知识掌握，增强学习热情。

为了充分激发初中学生学习语文的兴趣，借助互联网创设环环相扣的学习活动，逐步增强学生的语文阅读、表达交流和写作技能，更需要教师采取生活化的教学策略，构建良好的教学情境。初中语文课程是培养学生世界观和价值观的重要场所，也是提高学生综合能力的重要课程。因此，在初中语文课程的教学过程中，教师可将学生的生活实际与语文课程教学紧密结合起来，充分激发学生的学习兴趣，促使学生主动投身到语文课程的教学过程中，从而最大限度地提升语文课程的教学实效性。

总之，从"双基"到"三维目标"再到"核心素养"，从单篇教学到单元教学，在新课标视域下的常态化任务群学习，运用互联网新技

术，拓宽学习视野，展现学习空间，为学生发展提供生长空间，每一次的变革都使语文课堂教学的外延发生新变化、新扩展，从而让课堂教学展现出教育的新境界，借助多媒体手段打破知识的堡垒，还原知识的本质，让知识更趋于实际应用当中，让知识素养化、生活化，实现培育适应新时代发展的新型人才目标。

第三节 基于创新素养的教学

一、推进创新素养教育

（一）创新素养教育的内涵

创新素养教育是宁夏于2015年启动的。《宁夏回族自治区创新素养教育读本》中这样表述"创新素养"，创新素养是学生以先天遗传条件为基础、在接受相应学科教育过程中形成的、在创造性地解决真实情境问题过程中表现出来的创造能力，是创新思维、创新方法、创新态度的整合状态，是内化为学生个体的、稳定的创新人格品质，是学生发展核心素养的关键要素。几年来，我们对创新素养教育的认识不断升华：最初的创新素养教育就是小组活动、特长培养等，如小学开设围绕特长建设的校本课程，后来的小制作、小发明以及艺术演艺等方面的活动，总体上说有了深度，它从小组活动向制作、发明、文化和展演等领域拓展，既是纵向的拓宽也是横向的扩展。

2020年4月28日，宁夏回族自治区教育厅教研室在调研海原县推进创新素养教育时指出，海原县今后还需要做好这样几件事：

（1）推进创新素养教育必须发展我们的教育观念，要进一步梳理创新素养教育这一概念，减少新概念的增加。我们的教育观念只有变成一江活水，创新素养教育才能得到深度的推动。教育到底是什么？教育可以用四句话概括：

① 教育就是使人心智成熟，使人心智结构完善。它改变了生命个体存在的样子，让人变得更优秀。

② 教育可以改变人的生活品质，让人过上有品质的生活，而不是原始的、本能的生活，这个品质不仅仅是物质层面的充实，还应是精神层面的、审美层面的。

③ 教育是人类优质文明、文化的代替产物，没有教育，文明就会断流，薪火就不能相传。

④ 教育和经济一样，都是推动社会进步最重要的动力。

（2）推进创新素养教育要继续营造氛围和气场，包括文化氛围，充分运用"互联网+"技术手段推进创新素养教育的内涵发展，这个文化既有显性的，也有隐性的。显性的有墙体文化、雕塑文化、标语文化等；隐性的有制度、学校的工作方案、学校对教师的评价等，这些都构成了文化。此外，我们还要创造与创新素养教育更加适应的课题体系。

（3）推进创新素养教育要聚焦课堂教学，这是创新素养教育发展的主阵地，发展主阵地要做好以下工作：

① 要研究好各个学校优质课的评价量表。

② 要改变教师的教学设计，渗透创新理念。

③ 要录制优秀课例，打造精品课堂。

④ 要优化作业设计，改变作业批改方式，缩短时间，提升质量。

（4）推进创新素养教育要变革我们的评价，发展我们的评价。

（5）推进创新素养教育要认识到落实创新素养教育的紧迫性和必要性。

（二）核心素养与创新素养的关系

新课标这样表述"核心素养"，即核心素养是学生通过课程学习逐步形成的正确价值观、必备品格和关键能力，是课程育人价值的集中体现。义务教育语文课程培养的核心素养，是学生在积极的语文实践活动中积累、建构并在真实的语言运用情境中表现出来的，是文化自信和语言运用、思维能力、审美创造的综合体现。

核心素养与创新素养有什么联系呢？王旭华、丁思洋主编的《宁夏回族自治区创新素养教育读本》中这样表述：宁夏中小学（幼儿园）的创新素养教育，是对当下素质教育、立德树人、核心素养等教育重大问题的融合与贯通，是整合和优化角度的一种理论重构，是一次实践路径的全新开辟，任重而道远，不可不弘毅而为。该书还表述：国际组织、世界各国制定的学生发展核心素养标准都将创新素养作为关键要素。有研究在对比了创新素养与核心素养的关系后指出："核心素养三分之二的内容与创新素养重合；创新素养内化、优化了核心素养，它突出了核心素养的实践创新部分，属于核心素养的高阶，是核心素养的核心。"

自新课标颁布以来，义务教育阶段语文课堂也进入课程核心素养时代。我们将沿着新课标方向，落实核心素养，发展创新素养，共同迈向新时代。总之，在"互联网+创新素养教育"的时代背景下，课堂教学充分体现新时代立德树人根本要求，以创新素养教育为基本价值取向，紧跟时代，全面提高义务教育质量，加快推进教育现代化建设，从而为中华民族的伟大复兴培育新型人才。

二、践行同题异构，实现读写一体

在课堂教学中，我们是"教教材"还是"用教材教"呢？叶圣陶先生说过："语文教材无非是个例子，凭这个例子使学生……练成阅读和作文的熟练技能。"在课堂教学中，我们先确定好单元教学的表达母题（目标），再根据目标，有针对性地将目标分别融入各课文目标中，再依据课时目标选择合适的方法引导学生进行有效学习，追求单位时间内达成预先的教学目标，提高课堂教学效率，以此改善语文教学中的"无效"或"低效"状态，还语文学科教学本真，落实学科素养，达成读中有写、写中有读、读写互促的目标。

（一）指导预习：依"题"定标，预学提质

课前预学是熟悉课文内容的重要策略之一。很多教师课前设计"预学清单""预习任务单""预学掌握单"等，给学生安排学习任务，以期为课堂有效教学做好铺垫。可在教学实际中，预学任务主要是字词识记、作者简介、资料助读、内容梳理等方面。殊不知，这些内容学生可以借助网络平台或教材解读很容易完成，其预学效果事倍功半。在如此

虚假的学情基础上，追求有效教学就成了空谈。为达成教学实效，我们先确定预学主题，再把微点写作纳入课前预学当中，让学生书写感触、串词成句、调整语序、变换词语、情景想象等，促使学生静下心来读课文、善思考，既能锻炼学生的表达能力，也能提升预学效果。

课前文本预学，要让学生带着发现、探寻、质疑来阅读课文，使其读出味道、读出感悟、读出体验。常言道：不动笔墨不读书。要动笔表达自己的预学感悟，如结构布局选定、材料详略安排、情感表达理解、人物描写技巧，或选词写句成段、概括课文内容，等等。这样便于让任课教师掌握学生预学的真实状况，又能促使学生真实地去表达、真心地去预学，同样学生的表达能力、写作能力、思考能力也能得到了有效的锤炼，使课前预学事半功倍。

（二）策划活动：选"点"表达，读写共进

语文文本只是个例子，是静态的，而我们的课堂学习活动是动态的。语文课的特质就是教材的文本需要教师专业策划听说读写思活动，让学生在活动中习得语文能力，同时提高语言的修养。张志公先生说："课文学习就是教师引领着学生在文本中走几个来回，这几个来回，不仅要理解课文，也要适度发展。"实践证明，策划言语活动，选择微点写作表达就是非常有效的学习手段。凸显微点写作与课文阅读有机融合，教师要引导学生依据学习目标，精心选取适合达成目标的微写作的"点"，以"点"表达、以"点"读写，让学生借助课堂丰富课文内容，提升表达能力，帮助把握技巧和创新作品解读，等等。

选择小事件、小场景、小细节，策划言语活动，设计课堂结构，促使读写共生。课堂中开发文本资源、把握文章亮点、细腻描绘精彩，通过微点写作表达的策略，促使学生多角度、有创意地解读文本，与文本进行深入对话。富有特色的语言描述让读中有写，写中有读，读写共进，既能丰富文本内容，又能提升学生表达的阅读力、理解力和思考力。

（三）拓展延伸：增"篇"学用，提高素养

统编版语文教材主编温儒敏教授说："现在语文课最大的弊病就

是读书太少。教材只能提供少量的课文，光是教课文读课文是远远不够的。新教材虽然力图把教读、自读和课外阅读三者结合起来，但也还需要教师去'加码'。建议教师采取'1+X'的办法，即讲一篇课文，附加若干篇课外阅读的文章。"此方式可让课内阅读真正有效地指导课外阅读，进而让学生多阅读、爱阅读、会阅读，有效拓展延伸，促进多彩、灵动的课堂生成，实现语文学科核心素养的提升。

以统编版教材为基础，重视对课内文本的研读，重视对拓展助学的研究，力求做出合理的拓展延伸导向并推荐恰当的阅读文本，这有助于引领学生巩固课中所学。拓展延伸，补充阅读，是帮助学生在深度理解课内文本的基础上，由课内向课外延伸，做到言语读写能力的提升，语言学用的落实，表达技巧的把握，架起一座读写的桥梁，使学生不断增加阅读量，提高阅读能力，提升语文核心素养，实现读写表达训练的互促互进，达到语文教学的常态化之目的。

总之，以学生为核心，以统编版教材为基点，在单元整体框架下，实施单元统整教学，不仅可以改变语文课堂架空语言、分割语文、忽视策划言语活动、浅尝辄止进行读写互促等现状，还可以通过创设真实的表达情境，策划多样的读写表达实践活动，让学生在丰富的阅读中主动地、有意义地、长久地学习语文。同题异构这种新形式对教师是新挑战，对课堂是新思路。在课堂中，教师要转变思路，调整方向，重新定义语文教学，重新策划言语活动，通过有效的读写表达训练，让读中有写、写中有读，让课堂"以其昭昭使人昭昭"，促使学生落实学科核心素养，提升学生语文综合能力。

三、融通视域下的单元统整教学设计

以任务为驱动的单元教学，是让学生在真实的情景中筛选并融会贯通学习资源，积累知识，体验生活，思考人生，提升核心素养，成为各方面全面发展的新时代建设者的过程。融会贯通视域下的单元教学，已不再是单篇化、碎片化教学，也不等同于知识内容的传授，它实质上是教师导引学生开展自主学习活动，融通整个学习过程，与单元学习形

成闭环模式，共同指向单元学习目标。传统课堂教学以中考为准绳，不自觉地形成知识固化模式，内容、形式、旨趣和评价都很单一，弱化了学生核心素养的提升。依据新课标，笔者对初中语文单元教学设计做了有益探索，以统编版语文教材七下第三单元为例，分享具体的思考与做法。

（一）启动：围绕自主预学的"积累·发现"

新课标指出："语言文字既是文化的载体，又是文化的重要组成部分，学习语言文字的过程也是学生文化积淀和发展的过程。"在课堂学习中，学生通过课前的有效预学，熟悉文本内容，能把预学内容与课堂内容融在同一链条上，但是这样的课堂只是停留在对知识内容本身的学习，没有知识素养化。在学习场域中，知识是教师之"教"和学生之"学"的对象，是一种客观存在，主要是指公共知识；而素养作为人"平时的修养"或"精神长相"，则是一种内隐于个体的存在。融通视域的单元统整教学设计，在学生预习的基础上，围绕明确的目标、明显的任务驱动，让学习与评价自然达成。

"学习评价表"是通过记录单元课文词语和自己思考转述课文内容这两项，很好地做到课前预学，改变传统预习方式，内容明确，指向清楚，迎接挑战。这既能诊断又能评价，符合学生心理。"必做+尝做+选做"的层级设置关注学生的个性差异，做到了有层级、有弹性。根据学生的预学情况，教师再确定单元学习目标，整个过程是围绕"凡人小事"这个核心任务建构完整的学习事件，是由素养目标、知识点、预学任务、层级梯度、自我评价等构成的。就整个预学评价单来看，它为课堂学习搭设了支架，学生拾级而上，在挑战中享受学习的乐趣。这是从机械抄写、被动积累走向思考辨析、主动表达的深度学习，此时的学生已成为学习的参与者、主动者和建构者。这样的主动预学是课堂学习前的自我评价，是主动深入学习的过程，是知识素养化的前提。

（二）探究：指向核心素养的"思辨·表达"

课堂伊始，教师在单元目标的基础上，重构内容，由此及彼，创设情境，设置任务，选点表达，帮助学生理解与掌握语言文字运用的基本规律，实现知识与素养的融通。新课标强调"通过感受、理解、欣赏、评价语言文字及作品，获得较为丰富的审美经验，具有初步的感受美、发现美和运用语言文字表现美、创造美的能力"，让学生在课堂上从"表达"处读懂文章与学习文本的"表达"方式，掌握"表达"策略，提升"表达"能力，使其恰当地表达、得意地表达、智慧地表达。从一定意义上说，只有超越了知识的"内容之知"，洞悉知识的"能力之知"和"价值之知"，才能为学生的核心素养落实提供前提条件。其中的"读懂表达"就是"知识之知"，"运用表达"就是"能力之知"，"恰当、得意、智慧地表达"就是"价值之知"，从而实现知识素养化。

　　整个过程让学生在完成任务中学习，在动脑动手中学习，让学习结果成为一件作品，成为可共享、可视化的成果，看得见摸得着，以此来评判学生的学习结果，这正如新课标所说"要依据评价结果反思日常教学的问题和不足，优化教学内容，改进教学设计，调整教学策略，完善教学过程"，真正达到学以致用、语言学用之目的。整个过程逐层递增，循序渐进，是把知识所蕴含的深层素养（创新、思辨、交往与文化理解等）作为学习的价值目标，实现技法习得、审辨思维、合作交流、文化理解，指向语文综合素养的提升。

（三）收束：聚焦育人功能的"情境·实践"

　　让经典篇目焕发现代意义，唯有架起经典与现实的桥梁，实现育人价值和教学价值的最优化。笔者的做法是设计实践性任务，让学生学会信息搜集、归纳和整理，引导他们在真实情境中，找寻身边邻居"老王"，我眼中的"父亲"，班级里有绝活的"小王"，并以手抄报的形式呈现。这种立足课程属性，聚焦核心素养的实践任务，可设计人物图片、事迹简介、微信聊天、话说绝活、颁奖词等板块内容，涵盖概括、表达、编辑等关键能力（习得表达的"能力之知"），兼有审美、鉴赏和评价等高阶思维活动（恰当地表达、得意地表达、智慧地表达的"价值之知"）等。这种实践性任务，呼应单元学习目标中"体会平凡人身上的善良人性，学会尊重身边每个人""主动观察、善于发现、热爱生活，成长为更好的自己"的人文主题。学生在完成手抄报的同时，领略中华优秀传统文化风采，也从作品中感受伟大心灵的搏动，领悟言语世界的奥秘，提高语文水平和提升精神境界，由此实现任务与育人功能的完美结合。

在课堂学习中，教师通过融通视域的单元统整设计，让学生在预学启动时就主动参与学习；在课堂探究中，以超越知识的"内容之知"，洞悉知识的"能力之知"和"价值之知"，实现知识的素养化；在实践收束阶段，联系生活实际，围绕单元人文主题，促进学生真实读写表达，实现由点到线、由线到面的拓展延伸，引领学生有意义地、主动地、持久地学习语文、运用语文，使之恰当地表达、得意地表达、智慧地表达。这是立足新课标，遵循"教学评一体化、导向素养、注重实践"的原则，在融通视域下指向核心素养的多元维度任务，实现学生素养的提升。

03

第三章

指向表达中心的
层级读写教学策略

第一节　课时微写教学策略

写句的层级读写教学策略

新课标中"语言运用"是指学生在丰富的语言实践中，通过主动积累、梳理和整合，初步具有良好语感；了解国家通用语言文字的特点和运用规律，形成个体语言经验；具有正确、规范运用语言文字的意识和能力，能在具体语言情境中有效交流沟通；感受语言文字的丰富内涵，对国家通用语言文字具有深厚感情。作为语言运用重要建构元素的写句，是语文素养最基础的建筑因素。

初中生正处在语文知识积累和关键能力培养的关键时期，"写句"是学生语言运用的重要元素。我们知道，大凡优秀文章总有一些掷地有声的语句，它们以极强的表现力和战斗力，叩击读者静止如水的阅读心理，满足审美的需求，给读者留下深刻的印象，让"写句"立足于初中生的"语文微点训练册"或"语文实践活动"中，使学生获得语言的直觉体验，在阅读与鉴赏、表达与交流、梳理与探究活动中，丰富自己的经验与语言表达，从而提高语言运用的能力，落实课程核心素养。

通常情况下，在课堂教学前，我们都会要求学生课前预习，这种预习一般只是局限于熟悉内容、了解背景、掌握字词等文章表层，而对于文章的结构布局、语言特点、技法运用等深层级的学习还是有欠缺的。通过大量的教学实践，我们尝试课前让学生利用"写句"对文章内容进行预学；课中，教师可运用"写句"组织课堂教学，以此来落实素养，提升能力。建立在文本基础上的"写句"策略尝试如下。

一、概括法

概括，是归纳、总括，是简单扼要的概述，是把事物所具有的共同特点归结在一起加以简明、扼要地叙述，使文章简洁，让人们在很短的时间内就能知道文章的主要内容。概括其实是形成概念的一种思维过程和方法，是文化底蕴呈现的策略。这种思维方法广泛地运用于文章中，除在写作中用于提炼观点、形成结论外，还可以概括文章主题，归纳人物形象，梳理文章结构，总括文章内容，提炼新闻信息，表达作者情感，说明事物特点等。

（一）一句话归纳人物形象

《老王》中"老王"是靠一辆破旧三轮车维持生计的一个穷苦、卑微但心地善良、厚道老实的人物。"老王"是不贪婪钱财、讲究道义、乐意奉献他人的人。

《植树的牧羊人》中"牧羊人"是个朴实、不张扬、慷慨无私、不图回报、沉默寡言、自信果断、一丝不苟、内心坚定的人。"牧羊人"是潜心种树、心无旁骛、创造美好的人。

《台阶》中"父亲"是一个非常要强的农民，他有志气，不甘人后，希望受到别人尊重，有长远生活目标，有愚公移山的精神和坚韧不拔的毅力。他是一个用诚实劳动兴家立业，不怕千辛万苦，有着中国传统农民所特有的谦卑的人物。

（二）一句话阐述论证观点

《敬业与乐业》的中心论点是：我确信"敬业乐业"四个字，是人类生活的不二法门。

《论教养》的中心论点是：学会做一个真正有教养和优雅风度的人。

《谈创造性思维》的中心论点是：要经常保持好奇心，不断积累知识；不满足于一个答案，而去探求新思路，去运用所得的知识。

（三）一句话总括文章内容

《春》是一篇以"盼望春、描绘春和赞美春"为主题的写景的文章，是一篇以"新、美、力"为特色的文章，是一篇描写景物，赞美、抒唱春的创造力和带来无限希望，激励人们在美妙春光里辛勤劳作、奋然向前的写景美文。

《济南的冬天》是一篇体验阅读、观察生活的写景散文，是语言清新、优美、亲切、自然的高妙画卷，是一篇生动形象又妙趣横生的写景范例。

《从百草园到三味书屋》是一篇由"园中游戏玩乐"与"书屋里读书学习"前后勾连并展现一个儿童成长过程的文章。文章前部分回忆童年的"乐园"，分享了美好的童真童趣童爱；后部分真实地再现幼时读书学习生活的若干细节，让读者看到这段学习经历充满内心的快乐，读之使人欣然微笑。"百草园""三味书屋"既充满了无限的趣味，也是两个不同的生活空间；既是快乐生活的消逝，也是读书生活的开始。文章既反映了"我"的生活是随意而充实的，也呈现了生活是受限制的，也是要付出代价的。

《雨的四季》是一幅四季雨的工笔画，像一支没有音符的乐曲，却奏出了欢快和谐而美丽的旋律。似歌，它柔美，如诗，它奔放，像画，它艳美。它是一首描绘春雨"柔美"、夏雨"猛烈"、秋雨"清凉"、冬雨"冷静"的四季雨歌。

（四）一句话表达作者情感

《从百草园到三味书屋》的情感是眷恋（儿时生活）、叹惋（童趣不再）、感喟（眼前生活），都凝聚在看似平淡的"这东西早已没有了罢"中，收到了"含不尽之意溢于言外"的效果。首段的文字是回忆中的甜蜜，是现实中的苦涩，形成含蓄的呼应。

《回忆鲁迅先生》看似寻常甚至琐碎，心有所忆就落笔成文，可貌似轻描淡写的背后是对鲁迅先生深刻的了解，貌似漫不经心的深沉是对鲁迅先生炽烈的崇敬，写人叙事紧密衔接，在细节中融入真情实感。在萧红眼里，鲁迅先生既是文学上的导师、思想上的楷模、生活中的长者，也是让人信任亲近的朋友，表达了萧红对鲁迅先生的景仰、敬爱和怀念。

《变色龙》是契诃夫以精湛的艺术手法，叙述一只小狗咬了金银匠的手指，巡官走来断案的经过，塑造了一个专横跋扈、欺下媚上、见风使舵的沙皇专制制度走狗的典型形象。作者通过这样一个滑稽的故事，把讽刺的利刃对准沙皇专制制度，有力地揭露了反动政权爪牙们的无耻和丑恶。

（五）一句话提炼新闻信息

《首届诺贝尔奖颁发》讲述了首届诺贝尔奖的获得者及所获奖项，诺贝尔奖的颁奖机构、时间和地点，资金来源，资金管理权和评奖权分离机制。

《"飞天"凌空——跳水姑娘吕伟夺魁记》详细记录了我国前跳水运动员吕伟在1982年新德里亚运会上夺冠的情景。

［**赏读**］这样的概括策略，是主动积累、梳理和整合，在具体的语言情境中有效交流沟通、感受语言文字丰富内涵的运用过程，也是联想想象、比较分析、归纳总结，是勇于探索创新、积极思考、养成良好习惯的认知过程，是思维能力培养的过程，是理解、欣赏的过程，是初步具有的感受美、发现美和创造美的过程，是审美创造的过程，是通过语文学习，热爱国家通用语言文字，继承和弘扬中华优秀传统文化，初步了解人类文明优秀成果，形成比较开阔的文化视野和文化底蕴的过程。

二、写题记

题记，通俗地说，就是写在文章正文前或题目下的文字，即写作时为了表达的需要，在正文前自拟凝练的句子或引用名言警句，作为对文章内容的重要阐释，这样的句子称为题记。好的题记可使文章画龙点睛，增彩添色。在文章学习时，教师课前可让学生预学，或课中可将整体内容进行感知，都可以通过题记的形式来表达对文章内容的理解。

（1）《秋天的怀念》的题记可以这样写：人生百态如多姿多彩的菊花，或淡雅，或深沉，或激情，或热烈，不管哪种状态，都应是有滋味、有个性、有尊严、有价值，活出自己的人生之花；面对萧瑟秋风般的挫折磨难，都应泼泼洒洒笑对人生，坚韧不拔，对生活充满信心，像菊花一样，绽放出烂漫的花朵。菊花承载着母亲的音容笑貌，表征着母亲的殷切叮嘱，饱含着母亲的珍爱期盼。

（2）《中国石拱桥》题记：石拱桥形式优美、结构坚固、历史悠久。

（3）《老山界》题记：长征是宣言书，长征是宣传队，长征是播种机。

三、写后记

后记，是文章的写作意图、经过、感触，或补充、交代一些文中涉及的问题，帮助读者进一步理解全文。"后记"往往要简短有力，有画龙点睛、锦上添花之功效，或言已尽而意无穷之感。

课文学习结束时，就课文的材料选取、结构布局、语言运用等方面发动学生写"后记"，这是对课文内容再认识、再理解、再消化的过程，可以说是把对课文的理解推向了一个新的高度。

课文学习时，加上题记或后记，是给课文戴"凤冠"或安"凤尾"。题记也好，后记也罢，都不是正文的一部分，没有题记和后记，文章的内容和结构依然是很完整的。例如：

（1）《秋天的怀念》题记：菊花依旧，慈母不在，睹物思人，怎不伤怀？唯有满怀信心，坚忍不拔，才能阳光灿烂，笑迎未来。

（2）《春》题记：新、美、力是春的表征。一生之计在于勤，一年之计在于春，一日之计在于晨。

（3）《老山界》题记：艰难险阻磨炼意志，饥寒交迫拷问生命，枪林弹雨洗涤灵魂。

四、写对联

对联，又称楹联或对子，由上下两联组成，上联称出句，下联称对句，字数相等，词性相对，句式一致，平仄相协，结构相应，内容相关，富于韵律美。撰写对联，传承经典，训练思维，落实素养。

当然，中考中也设置对联考点，它能考查考生的想象、分析、理解和概括等思维能力，又能考查考生语言综合运用的能力。因此，历年对联题备受青睐，成为中考的亮丽风景。

（一）学习《驿路梨花》时，可依据课文内容拟写对联

（1）驿路梨花处处开，雷锋精神代代传。

（2）梨林茅屋恰遇新主旧友，爱劳情山共睹精神传承。

（3）徐徐清风拂过耳际朵朵梨花沁人心脾，简陋茅屋温暖人心雷锋精神永放光芒。

[赏读]文本内容写在树林过夜的解放军，想到的是过路人需要小屋遮风挡雨；梨花和哈尼小姑娘们担心茅屋无人照料年久失修；瑶族老人考虑的是要还给人家米、柴（我们可以推想他以后会继续送米）；"我"和老余在离开之前加厚了屋顶的茅草，挖深了房前屋后的排水沟——他们在自己遇到困境或者得到优待的时候，首先想的是别人。己所不欲，人所不欲；己所欲，人亦所欲。推己及人，同理共情，这就是中华优秀品质的传承。追溯中华文化，孟子"老吾老以及人之老，幼吾幼以及人之幼"的谆谆教诲；杜甫"安得广厦千万间，大庇天下寒士俱欢颜，风雨不动安如山"的呼喊；白居易"丈夫贵兼济，岂独善一身。安得万里裘，盖裹周四垠。稳暖皆如我，天下无寒人"的宏愿。所谓公共空间，所谓公共秩序，所谓公共道德，每一个人，既是建设者，亦是享受者。当社会进化到你中有我、我中有你的时候，遵守社会公德，便是必然选择。你我休戚与共，唯有把自己当成主人，为这"小茅屋"送米添水、修墙挖沟，这"小茅屋"才会成为坚固的广厦，成为我们每个人大风大雨中的依靠。利他，就是利己；爱人，亦是自爱。而当每个人都把遵守社会公德、为他人服务当成习惯，理所当然，那人间定会春满庭院，梨花将会处处开遍。

（二）统编版语文教材八年级部分课文"对联"

（1）《背影》：描背影泪辛酸，孝儿怜慈父；话亲情心切意，慈父爱孝儿。

（2）《苏州园林》：园林标本苏州存，工艺匠心华夏驻。

（3）《三峡》：三峡奇险风光秀，两岸雄峰碧水清。

（4）《大自然的语言》：自然研究，如数家珍全物候；物候观测，准确掌握大自然。

（5）《恐龙无处不有》：恐龙骨现南极，板块分离携带至；动物销迹世界，地球灾难灭绝成。

（6）《桃花源记》：记桃花源，陶潜名作惊天地；怡世外景，刘骥问津迷古今。

（7）《中国石拱桥》：赵州洞桥，长虹饮涧，雄伟壮观显智慧；卢沟石拱，初月出云，坚固高大显精神。

（8）《大道之行也》：大同道义人间美，社会和谐天下公。

[赏读] 在教学过程中，教师可依照文章内容策划言语活动，将对联空缺一个或两个字，让学生来填写，这样既能培养学生的语言思维能力，也是学科核心素养的具体表现。

（三）试题举例

2020年宁夏初中学业水平暨高中阶段招生考试语文试题"积累与运用"第4题"张爷爷写了一副对联，他想考考你。①请你把对联中空缺的一个字补写出来。②张爷爷让你把对联贴到他书房的墙面上，你要把上联贴到左边还是右边？上联：立德齐今古；下联：藏书（　）子孙"。

[赏读] 2020年试题，要求填写一个字，还要求平仄一致，这就有了难度，当然答题效果也就大打折扣。失分原因是，课堂教学中对"知识"掌握不全面，"训练"不到位。"对联"的张贴既是生活细节，也是语文生活化的具体表现。

五、四字法

四字法，也称四字词组，是汉语中常见的语言现象，大量运用于说话、写文章中。四字法可分为自由体和固定体，其中的四字词组不同于固定词组，它们一般是可以随意拆散、随意组合的；而四字固定词组就是我们所说的成语。

学习课文时，运用这种高妙的语言策略概括人物的形象，可以使语言更精练、更简洁，使人物形象更突出、更集中，从而达到落实素养、提升能力之目的。

（1）学了《邓稼先》一文，请试用四字词语概括邓稼先的人物形象。

鞠躬尽瘁、死而后已、为民请命、大公无私、毫无利己、专门利人、朴实忠厚、无私奉献、精忠报国、功高盖世、雪胎梅骨、忧公忘私、淡泊名利、一心为公……

（2）学完课文《赫尔墨斯和雕像者》，请试用四字词语概括赫尔墨斯的人物形象。

爱慕虚荣、狂妄自大、骄傲自满、自以为是、自命不凡、主观臆断……

（3）学了《老山界》一文，请用四字词语概括红军战士的人物形象。

顽强意志、革命乐观、不怕困难、艰苦奋斗、不畏艰险、长征精神……

（4）学完课文《白杨礼赞》，试用四字词语概括白杨树的形象。

倔强挺立、参天耸立、不折不挠、坚强不屈、挺拔向上、极其平凡……

（5）2021年宁夏初中学业水平暨高中阶段招生考试语文试题"积累与运用"第3题：成语积累。

体育竞技赛场，竞争激烈，但无论是参与者还是观看者，可供追求的不只是胜负。有时，竞技之美细致入微，就像精密的仪器，哪怕一个观测的偏差，也有可能导致 ① 的结果；竞技之美直击心灵，健儿奋力拼搏、 ② 的精神总能 ③ （某件事使人振作奋进，内心激动）；有时，竞技之美， ④ （形容美妙得难以用语言表达），赛场上必然有输赢，但即便没有胜利赋予的高光，人们也能从运动员的拼搏姿态中获得审美的体验，这就是体育精神。

（高佶《竞技之美，不只输赢》，有删改）

1. ①②处填写成语正确的一项是（　　）。

A. 迥然不同　坚持不懈　　　　B. 微不足道　艰苦卓绝

C. 迥然不同　艰苦卓绝　　　　D. 微不足道　坚持不懈

2. 根据括号内的解释依次填出③④处的成语。

[赏读]考查采用选择和填写的方式；前两个设置成选择题，后两个是通过"词义写出成语"的形式，考查形式发生了变化。所考查的4个

成语，都是在日常书写中容易写成别字的情况，考生须在平时学习过程中注意分辨，认真识记，方可准确填写。

六、语序法

语序法，即语句排序，指的是根据语句隐含的信息，将几个（一般是3个至5个）打乱顺序的语句重新排序，从而使文段表达流畅、完整通顺的方法。这种方法相对而言难度较大，表面上训练学生的语言感知能力，实质上是训练学生对于语文文体风格及特征的掌握情况，检测学生的语言文字综合功底与逻辑思维能力。这种训练策略主要是培养学生对文段内部逻辑关系把握的能力，而不单单是事件发生的先后顺序。例如：

（1）《济南的冬天》最后一段，如何合理排列顺序？

那水呢，不但不结冰，反倒在绿萍上冒着点儿热气。水藻真绿，把终年贮蓄的绿色全拿出来了。_____，_____，_____这就是冬天的济南。

① 天儿越晴，水藻越绿，就凭这些绿的精神，水也不忍得冻上；况且那长枝的垂柳还要在水里照个影儿呢！

② 这块水晶里，包着红屋顶、黄草山，像地毯上的小团花的小灰色树影。

③ 看吧，由澄清的河水慢慢往上看吧，空中，半空中，天上，自上而下全是那么清亮，那么蓝汪汪的，整个的是块空灵的蓝水晶。

[**赏读**] 关联词的运用很妥帖，如"天儿越晴，水藻越绿，就凭这些绿的精神，水也不忍得冻上；况且那长枝的垂柳还要在水里照个影儿呢"，"况且"进一步申述理由，或者补充、追加新理由；"还"表示范围的扩大，有所增益补充。这里"况且……还"连词和副词配合起关联作用，恰当地组合了要说的意思。此时，再来"看"这块"蓝汪汪的，整个的是块空灵的蓝水晶"，就有了"这块水晶里，包着红屋顶、黄草山，像地毯上的小团花的小灰色树影"。这样，逻辑关系才能梳理清楚。

（2）《中国石拱桥》摘选内容，如何合理排列顺序？

永定河上的卢沟桥，修建于公元1189到1192年间。桥长265米，由

11个半圆形的石拱组成，每个石拱长度不一，自16米到21.6米。桥宽约8米，桥面平坦，几乎与河面平行。_____。_____。_____。这些石刻狮子，有的母子相抱，有的交头接耳，有的像倾听水声，有的像注视行人，千态万状，惟妙惟肖。

① 永定河发水时，来势很猛，以前两岸河堤常被冲毁，但是这座桥极少出事，足见它的坚固。桥面用石板铺砌，两旁有石栏石柱。

② 每个柱头上都雕刻着不同姿态的狮子。

③ 每两个石拱之间有石砌桥墩，把11个石拱连成一个整体。由于各拱相连，所以这种桥叫作联拱石桥。

（3）2020年宁夏初中学业水平暨高中阶段招生考试语文试题"积累与运用"第5题：下列句子顺序排列最恰当的一项是（　　　）。

生态文明建设如同一面广角镜，_____，_____，_____。

① 照见协同推进人民富裕、国家强盛、中国美丽的大局观、整体观。

② 见证对子孙后代负责、实现中华民族永续发展的历史担当。

③ 折射出追求绿色生产方式和生活方式的发展理念。

A.①③②　　　B.③①②　　　C.②③①　　　D.②①③

[赏读] 根据具体的语言环境选择排列语句。要求把备选的三个短语分别填入所给的语段中，使表达准确连贯，考查学生的词语辨析能力、语言理解能力、语言组织能力和思维逻辑判断能力等。

写句要求学生写各类句子，可原创、可转述；教师要注意提炼写句的方法，科学地指导学生写句。

除了写句，还可以通过画思维导图、列大纲、写脚本、记笔记等整理和呈现信息，用流程图呈现活动设计方案，用图表、图画、照片呈现学习成果等，让学生对文本的理解与思考有深度、有价值、有意义。

从学生成长的角度看，如果学生养成了良好的学习习惯，做写句训练也是学习之余释放自己的调节方式，可以变成学生紧张学习中温馨的自留地，是学生成长的坚实基地，在学生的成长中具有重要意义。

从语文注重能力上看，学生每天都这么训练、创造和提升，随着时间的积淀，其语文能力从弱到强，让学生告别脑门"标签式"语文，真正走向正道语文的广阔天地。

构段的层级读写教学策略

新课标的"课程内容"中指出：义务教育语文课程内容主要以学习任务群组织与呈现。设计语文学习任务，要围绕特定学习主题，确定具有内在逻辑关联的语文实践活动。语文学习任务群由相互关联的系列学习任务组成，共同指向学生的核心素养发展，具有情境性、实践性、综合性。课程设置三个层级六个学习任务群，每个学习任务群都由"价值导向""学习内容"和"教学提示"组成。其中"文学阅读与创意表达"中这样表述：注意整合听说读写，引导学生综合运用朗读、默读、通读、复述、评述等方法学习作品……鼓励学生在口头交流和书面创作中，运用多样的形式呈现作品，发挥自己的创造性；引导学生成长为主动的阅读者、积极的分享者和有创意的表达者。具体的教学实践中要充分发挥教师的主导作用，凸显学生的主体地位，引导学生快乐学习，健康发展，阳光成长。钱梦龙说："语文导读法的理论设计可以简明地概括为三句话：学生为主体，老师为主导，训练为主线。"在课堂教学中，教师可策划言语活动，实施读写训练，落实教学目标，实现一课一得。

段落，是文章中大于句子而小于整篇的语言单位，是整体中的局部，也是相对完整的个体。段落是由句子或句群构成的，在文章中用于体现作者的思路发展或全篇文章的层次。

中学生写文章，受社会阅历、生活范围、时间限定、认识差异等因素影响，一个200字左右的片段就能把叙述事件的某个环节、说明事物的某个特征、描述景物的某个方面、阐释道理的某个观点等情感充沛、感情饱满地记叙详尽，说明具体，描写细致，议论清楚。

所以，课堂学习中建构段落，是言语活动、读写训练落到实处的有效路径，也是劳动创新、思维训练、能力提升、创新素养落实的直接体现。"构段"可从如下方面进行。

一、转述内容

转述是一种学习活动，可口头，可书面，依据文本具体设计。转述不同于复述，转述比复述更具价值，体现在读课文或著作时，把别人的想法、观点、思想等转化成自己的思考、理解、看法等，调整顺序，增添内容，重新表达，重新呈现，创造性非常强。

（一）抠关键词或词组

1. 统编版教材七年级上册《春》

（1）（人们）清晨，广场上三五成群的人们谈天说地、笑迎幸福，在激扬的音乐声中舒展优美舞姿，显得活力四射；午后，嫩嫩的、绿绿的，刚钻出土的嫩芽铺成软软的草坪，一群青少年正在进行着激烈的足球比赛；"小谢，往前推！""仁仁，拦截！"……足球犹如着魔的绣球，在伙伴们的脚尖穿走滑行；黄昏，孩子们追逐着，打闹着，捉迷藏，赛短跑，风轻悄悄的，草软绵绵的。

（2）（春风）新翻泥土的气息混着青草味儿，还有各种花的香，酝酿在微微润湿的空气里，蔓延着，蔓延着。繁花嫩叶中的窠巢里，鸟儿们应和着清风流水，唱着婉转的曲子，卖弄着清脆的喉咙，呼朋引伴；骑在牛背上的牧童伴随着稳健的脚步，短笛这时候也嘹亮地响着，演绎着归途的欢乐；随风轻拂的杨柳儿，被母亲的手抚摸着，欢笑着，跳跃着……

（3）（春雨）最寻常的是雨，一下就是三两天。清晨，犹如薄烟笼罩在人家屋顶上，密密地斜织着。看，像牛毛，像花针，像细丝，绿得发亮的树叶子，阳光了；青得逼眼的小草，灿烂了。中午，仰头沐浴，只能看见零星的雨丝，水洼处没有一丝雨星溅起，淘气的精灵们隐藏了自己的身影。黄昏，街灯亮起来了，人行道、小路上、公园里，有撑着伞慢慢踱步的老人，有结伴而行的叔叔阿姨，有追逐打闹、欢声笑语的孩子们。他们的房屋整齐地排列，在雨里屹立着。

2. 统编版教材七年级上册《秋天的怀念》

（1）细心照顾的母亲

望着望着北归的大雁，我会突然砸碎玻璃；吃着吃着可口的饭菜，我会瞬间把餐盒扔到地上；听着听着优雅的音乐，我会猛然把手边的东西摔向墙壁。妈妈就悄悄地躲到我看不见的地方，等一切平静了，她又悄悄地出现。"听说北海公园的花儿都开啦。我们出去走走。"妈妈总会说。为了照顾双腿瘫痪后的我，她喜欢的那些花儿都死了……

（2）再三央求的妈妈

双腿瘫痪后，我的脾气非常恶劣，极端愤怒，砸玻璃、摔墙壁……妈妈就悄悄地躲到我看不见的地方，等一切平静了，她红着眼圈儿又出现了。"北海公园的菊花开啦，我推着你走走。""我不去，不！"歇斯底里的我再次咆哮起来……窗外的树叶"唰唰啦啦"地飘落，无聊的我看着窗户发呆。她挡在窗前："菊花儿开了，我推着你去看看吧。"她干瘦的脸上现出央求的神色。

（3）小心翼翼的妈妈

面对我的暴怒，悄悄躲出去的妈妈等一切平静了，红着眼圈又出现了。窗外的树叶"刷啦刷啦"地飘落，无聊的我正在发呆。"北海的菊花儿开了，我们出去走走。"憔悴的妈妈央求着轻声说。"什么时候？""就明天吧，行吗？"她说。"好，就明天。"我说。她兴奋极了，一会儿坐着，一会儿又站着，嘴里还不停地念叨着。"看完菊花，我们就去公园内的饭庄，吃你最爱吃的豌豆黄儿。小时候，你总是说杨树花就是毛毛虫，不停地跑着，踩着，跳着……"您突然不说了，面对"跑""踩""跳"一类的词眼儿，敏感的您又悄悄出去了。

3. 统编版教材七年级上册《雨的四季》

（冬雨）化了妆的雨，变成好看的雪花，来到人间。在南国，雨经常拜访人间，它既不淅淅沥沥，缠绵如丝，又不大雨如注，它是自然的，又是平静的。灰蒙的天空中，透明的雨没有丰富的色彩，可它带着特殊的和暖飘洒头顶。它不是咄咄逼人的，它的清冷是柔和的。远处丰收过的田野变明亮了，枝干、草垛淋着雨，在瓷色的蓝天下，像木刻，干净利落。经冬雨洗刷的油菜，忘记了寒冷。可忽然到夜间，水银柱收缩身躯，窗户被黎明提前敲醒，睁开蒙眬的睡眼，但见屋顶、树枝、田埂、小巷都盖上了绵软的雪被，到处一片明亮，这雪的公主是雨的精灵，带给南国田野和都市别样的柔情，是年末送来的厚重礼物。

（二）变换角度

1. 统编版教材七年级上册老舍《济南的秋天》

有湖有河有泉，到处是泉；那水，不管是湖是河是泉，全都清，全都甜。有秋山，再加上秋水，秋神选择在这儿住家，哎呀，济南可谓是"自然"的情人。秋日莲花，城河绿柳，自然是美的。单说这水中的绿藻，可谓是上苍心中的绿色，因为，再没有别的东西与它相比了。这绿，沐浴着清澄的水，享受着水的甜美，犹如洗漱后的少女，坐在镜子前观赏着自己。绿的这点儿心思，常年吻着水波，做着香梦；顽皮的鸭子用金黄的"手掌"碰触；诱人的靓女，用夺魂的倩影亲吻。此时的惊扰，变成了绿香甜的烦恼。羡慕死神仙呀！

2. 梁衡《夏感》

山坡上，挺拔的狗尾草雕出稠密的地毯；林带上，淡淡的青翠，也逐渐凝聚换成了青黑色。蝉儿潜伏在树叶间，声声长鸣……这一切，好像一锅热水渐泛热泡，即将沸腾似的，夏天来了。摇头摆脑欢笑的玉米，扭动腰肢如蛇形的瓜秧，颗粒饱满作揖的麦子，都活力四射，精力旺盛。此时的她们不再是在微风细雨中漫步，而是在热浪的翻腾中蓬蓬勃勃，奋力地冲向夏的终点。

3. 史铁生《我与地坛（节选）》

（1）（活得最苦的妈妈）"未来的日子是他自己的，他是要走出去的，如果出点儿什么事，这后果也只有我来承受。"那惆怅的白天后的夜晚，那难眠的夜晚后的白天，她思前想后总会对自己这样说。好长一段日子，妈妈肯定是做了最坏的打算的，因为她对我从不说"你为我想想"。事实上，他的儿子，当时太年轻，被命运安排，以为世上最不幸的是自己，哪还会为妈妈考虑？殊不知，儿子的厄运在妈妈那儿是会翻倍的。他的儿子，唯一的儿子，长到二十岁突然瘫痪了，被截肢了；他甘愿被截肢的是她自己，可这事儿是无法替换的。她想，为了儿子能活下去，自己死了也行，她也深信人不能仅仅活着，要走出一条属于自己幸福生活的道路；他的儿子，能保证找到吗？这样的一位妈妈，是活得最苦的妈妈呀！

（2）（找寻儿子的母亲）"孩子你在哪儿？"园子里待得太久，母亲就会来找我。当她看到我在院子里好好的，就轻轻地转身而去，她不想让我觉察到。好几回发现她时，只看到她消瘦的背影，同样看到好几回她探望的情景。视力不好的她，把眼镜贴近眼眶就像在找寻大海中的一艘船。当她就要看见我时，我转移了视线，过会儿再看时，又看到她徐徐远去的背影。夏天，矮树丛很密，我看看她，她没有找到我。我经常待过的地方，很少待过的地方，此时此刻待的地方，她都走过，边喊边找，边找边喊……

二、文本品析

（一）矛盾法

矛盾法，就是在课文学习时，以课文中的语义、情理间的相互矛盾为突破口，对课文内容、言语形式、表达策略等提出疑问，产生怀疑，在还原和比较中逐步知晓作者表达的意图（言外之意，弦外之音），从而理解课文言语表达的真正价值。

例如，《永久的生命》中："感谢生命的奇迹，它分开来是暂时，合起来却是永久。""那些个体消逝了，它却永远存在。"在这样的句子中，"暂时"与"永久"、"消逝"与"永远存在"相互矛盾而又协调统一，要理解这些词，我们就要抓住这些矛盾点深入课文中间。我们知道，对于生命个体而言，每个个体都会消逝、凋谢、枯萎，生命是"暂时的"，由生命组成的长河，是种族生命体系，生命可"滋养"，可"繁殖"，可"延续"，是永恒的、无止境的，也就是"永久"和"永远存在"。

（二）点评法

点评法，就是对课文内容、结构布局或语言风格等方面做出自己称赞或批判的评价。这是个性化阅读所彰显出的独特之处。要突出学生主体地位，充分尊重学生的阅读体验，允许并倡导学生对阅读文本做出称赞或批判的评价。

例如，《社戏》的结尾："真的，一直到现在，我实在再没有吃到那夜似的好豆，——也不再看到那夜似的好戏了。"从文中看，"有些疲倦""支撑""都很扫兴""忍耐""其余的也打起呵欠""熬不住"……那夜的戏，并不好看。从全文内容来说，"戏前"，"我"从渴望到失落到惊喜，一波三折；"途中"，先轻松到急切到沉静自失起来，独特体验；"归航"，"偷豆"是齐心协力，同甘共苦。"美"在于看戏的乡间情景，看戏的独特体验，看戏的情真意切，是童年生活的梦幻回忆。

（三）感受法

感受法，是指读文章时的感受理解、迷茫困惑或资料收集得来的收获等。这种感受的方法能帮助我们深入理解课文，把握课文主题。

例如，《卖炭翁》中："可怜身上衣正单，心忧炭贱愿天寒。"寒冷的天，卖炭老翁只穿单薄的衣裳，这是家庭贫寒又没有棉衣来御寒，此时他是多么希望天气变暖，可是他却"愿天寒"，盼望天气再冷些。因为天暖了，炭就不好卖了；天冷了，炭好卖并且价钱也高，为了能有高价，他宁可天更冷些，这是卖炭翁的悲惨处境。今天，我国脱贫攻坚取得全面胜利，人民全面步入小康生活，阔步走向新时代。社会在发展，时代在进步，不由得不让人感慨今天的生活真好。

（四）疑问法

疑问法，就是阅读时写出自己的疑问。"不疑不能激思，不疑不能增趣，不疑不能好学"。有了疑问，让学生带着问题阅读，这样才能让学生读进去，与课文对话，与编者对话。这种疑问法，有利于培养学生的怀疑与探究精神。质疑本身就是一种思考、一种挑战。

例如，学习《木兰诗》时，对于"开我东阁门，坐我西阁床"这种互文现象的理解不甚清楚，理解为"打开我东阁的门，坐到我西阁的床"这样能行吗？经过讨论交流，我们明白：互文，称为对句互文，而

"东阁"和"西阁"交错，合理的理解是"开我东阁、西阁的门，坐我东阁、西阁的床"。这句话写木兰十几年后回家时极度兴奋与喜悦的心情，肯定是要到各个房间去看看、摸摸、坐坐，表现出开这个窗，坐那个床……

（五）仿写法

仿写，通俗讲就是学习别人的套路，形成自己的风格，是对课文中的一些好词好句进行仿照写作，达到学以致用、语言学用之目的。例如，学习《从百草园到三味书屋》后，请同学们依照"不必说……也不必说……单是……就……"仿写句子。

（1）（诱惑的海滩）不必说纯洁的天空，如絮般的云朵，温和的阳光，蔚蓝的海水；也不必说往来的帆影，跳跃的海浪，细腻的柔沙，喧闹的海滩。单是迎面吹拂的海风，混着鱼腥味儿，夹杂着咸水香，就让人回味无穷。

（2）（大自然的美好）不必说洁白的梨花，血红的玫瑰，银黄的菊花，翠绿的玉兰；也不必说成群结队的大雁，树梢高歌的百灵，蹦跳欢快的白兔，悠闲划行的白鹅。单是那叫不上名字的野花，晨起群唱的麻雀，觅食闲游的野鸡，就能彰显大自然诱人的魅力。

（3）（活力校园）不必说朝霞映照的楼宇，翠绿欲滴的松树，欢快流淌的小溪；也不必说教室里充满活力的诵读声，篮球场上你进我拦的躲闪，树林间飘起婉转的歌声。单是同学们走出教室，迎着朝阳，屹立国旗下，就有无穷的活力和朝气。

仿写就是让学生依据一个抓手，初步体验到写作的快乐和魅力，逐渐过渡到能够独立运用、独立写作。仿写是一个从"入格"到"破格"，再到"升格"的过程。"仿"的关键不是停留在仿的层面，而是指导学生如何"仿"，即将方法和技巧形象化、具体化，导引学生剖析语言组合的内部规律，对方法或技巧进行提炼、总结、内化，使学生找到方向、抓手。"仿"别人的"法"，"写"自己的"意"。这是由抽象到具体、由理论到实践、由思考到表达，从而有效地将知识转化为能力的过程。

当然，除了以上这些方法，教师还可以引导学生从修辞技巧运用、短语使用、长短句结合、多种感官、结构布局等等方面进行赏读品析。

三、多角训练

组织学生就课文内容进行不同层级的表达训练，创造出新的文字组合。这种创造使课文的内容由平面转向立体，由单纯转向丰厚，学生的思维由平静转向活跃，由单一转向多元。

（一）写墓志铭

墓志铭是记载个人一生的主要成就，对此做出评价，或注明死者的职业，表现死者性格特征的一种文体。墓志铭在写作上要求叙事概要，语言温和，文字简约，体现概括性和独创性。这种做法是对学生语言运用能力的概括训练，也是求同思维能力的培养。

例如，学习《邓稼先》时，请根据课文内容以及了解的相关背景信息，给邓稼先写"墓志铭"。

微写1：张爱萍将军给邓稼先的挽诗："君视名利如粪土，许身国威壮河山。哀君早辞世，功勋泽人间。"

微写2：朋友，这里长眠的是中华民族最有奉献精神的儿子，共产党的理想党员，我们永恒的骄傲。他是一个"大写"的人，一个"站立"的人。他用他那"大写"的智慧，用他那"站立"的志气，让中国"大写"，让中国人"站立"。他，就是两弹元勋——邓稼先。

微写3：剑指戈壁，成就"两弹"，一心为公，无私奉献，鞠躬尽瘁，死而后已。

（二）依照观点写论据

学习统编版教材九年级上册第三单元后，依照写作"议论要言之有据"的话题，创设情境，补充论据。

情境：摘掉"穷帽子"，筑梦奔小康。好水通家园，大路修进村，产业新发展，振兴有策略……随着扶贫举措的精准注入，集干旱山区、革命老区、贫困地区的西海固生机涌动。近年来，县委、县政府下大力气，解"贫中之贫、困中之困"，一家家贫困户摘掉"穷帽"，正满怀梦想，加速奔小康。

请同学们围绕论点"摘掉'穷帽子'，筑梦奔小康"，选择自己身边的典型事例作论据来证明论点，做到论据典型，论证合理！

微写1：随着"精准扶贫"政策的注入，坐落在西北边陲的小山村，自然也不甘示弱。"5G"高速已与人们生活息息相关；购物进料，扫扫就能解决；土坯房变成了红瓦房，泥泞路变成了水泥路，自来水通进家家户户，养老金、保障金、合作社、养牛户、种菜大棚……昔日那个震惊全球的大地震、寸草不生、不适合人类生存的地方，如今发扬"震柳"精神，齐心协力摘掉"穷帽子"，共同筑梦奔小康。

微写2："撸起袖子加油干！"在党的领导下，老百姓的日子越过越红火。家乡积极响应党的号召，大力推进扶贫事业，改造牛棚、改善危房、政府兜底等政策，为大家奔小康铺平道路。我叔叔家的老土房多年破损漏雨，适逢党的政策，危房改造。现如今，叔叔家住进红砖瓦房，一改旧帽，叔叔每天都乐呵呵，见人就夸党的政策好。我们都是追梦人，我们都在努力奔跑。

微写3：漫步在新建的柏油马路上，眼前总是一幅流光溢彩的画卷：鲜亮的红瓦房顶炫光四射，仿佛要抢走人的眼球；路边小树心花怒放，尽情舒展自己的胳膊，仿佛要欢快拥抱世界……没错，这就是国家的精准扶贫政策的精准注入，我的家乡展现新的面貌。走在街上，一眼望去，数不尽那繁花绿叶，待业开张的旺铺，灯红酒绿的休闲娱乐场所……到处一幅欣欣向荣的景象。这就是在县委、县政府大力帮扶下家乡人民生活的新篇章——摘掉"穷帽子"，筑梦奔小康。

当然，除了以上两种训练方法，教师还可以引导学生写通知、写欢迎词、写书信、写说明书、写启示、写解说稿等，设计言语活动，训练学生思维，落实学科素养，提升语文能力。

四、猜想

我们在阅读过程中，往往会根据阅读材料的文字，对还没有看到的内容或围绕材料的空白点进行合理的推想猜测，如阅读前面内容，猜想后面内容；阅读内容空白点，猜想其弦外之音；等等。这个过程可将猜想的结果与原文或师生、生生间对话内容进行对比，进而提高读写品质。这种阅读与思考的猜想法，可训练学生的思维能力、想象能力和联想能力，促使学生通过精思熟读、细致琢磨，达成对阅读内容的透析理解、深刻感悟，做到触类旁通。

（一）读中质疑

例如，《赫尔墨斯和雕像者》中，"赫尔墨斯看见自己的雕像，心想他身为神使，又是商人的庇护神，人们对他会更尊重些……"我们知道"宙斯"和"赫拉"这两位神使，一个是父亲，一个是母亲；一个是古希腊神话中的众神之王，统治宇宙万物的至高无上的主神（在古希腊神话中主神专指宙斯），人们常用"众神和人类的父亲""神王"来称呼他，是希腊神话诸神中最伟大的神；一个是掌管婚姻和家庭的女神，与宙斯分享权力的共治者。而他们的下一代，赫尔墨斯竟然是"会更尊重些"，这是目无尊长、唯我独尊的表现，这是家庭教育的悲哀，也是家族的痛苦，也是"神"界的惨痛，是没有良好家风的表现，也说明赫尔墨斯人生的第一粒扣子没有扣好。

［解读］学生在学习过程中，在接触课文文本时，或在文本矛盾处产生怀疑，随着深入理解或在教师引导下，逐渐会寻求问题的解决，获得能力的提升。

（二）读中想象

例如，《美丽的颜色》中，请同学们用上这些我们了解的信息，以"美丽的颜色"为开头语写一句话。

100多年前　居里夫妇　棚屋　镭　微光

（"微写内容"略）

［解读］依照所提供的信息，再根据阅读理解，想象组合内容，进行合理表达，既是思维能力的培养，也是学科核心素养的落实。

（三）写中猜读

例如，《皇帝的新装》中："许多年以前，有一个皇帝，他非常喜欢好看的新衣服。为了要穿得漂亮，他不惜把他所有的钱都花掉。他既不关心他的军队，也不喜欢去看戏，也不喜欢乘着马车去游公园——除非是为了去炫耀一下他的新衣服。他每一天每一点钟都要换一套衣服。人们提到他，总是说：'皇上在更衣室里。'"皇帝"每一天每一点钟都要换一套衣服"，请同学们想象皇帝换穿衣服时的动作、神情和内心。拿起笔，把你猜想的情景写下来。

（"微写内容"略）

[**解读**] 根据文章所创设的情境，着眼于课文的空白点，把作者的情感融入自己的猜读中写出来，这是课中练笔，是实践活动，是读写创造。

五、变换表达方式

学习阅读本文语言表达方式的同时，改变本文语言的表达方式，这是对所阅读文本的语言方式进行重组。这是思维训练的方式，是语言表达能力培养的方法。

（一）根据课文《狼》内容，以现代汉语形式改写故事

例如：话说从前有个屠夫，豹头环眼，虎背熊腰，好似李逵、张飞现世。他家住在城外，每天要走很远的路来京城卖肉。狼夫妇对屠夫垂涎三尺，可这路上，行人太多，无法下手。

次日，屠夫正赶上朝廷大赦天下，城中好生热闹，生意自然也好，卖肉早早结束。他购买家用物品，直到天黑，才动身回家。

这两狼见屠夫孤行于这小路之上，便恶心四起，准备将这块肥肉收为腹中，可这屠夫力大无穷，模样吓"狼"，面对寒光闪闪的钢刀，不好对付。于是，两狼便紧随其后，伺机下手……

（二）带着诗意走进钱塘湖——改写《钱塘湖春行》

例如（部分内容）：整个冬季，闷在书斋，顺窗望去，草色早已朦朦胧胧的，忽想起那迷人的钱塘湖。于是，梳梳发髻，捋捋长须，披上大褂，带上书卷，佩刀剑，骑上枣红马去钱塘湖踏春。

一路上，马蹄飞扬，鸟雀欢唱。看看这棵柳树，望望那株白杨。不觉间，来到了钱塘湖。这里美景依旧，冰床已融化，清澈的湖水倒映着

湛蓝的天空；孤山寺笔直耸立在那里，贾公亭也没有变化。你瞧，是湖水上涨呢，还是白云太爱湖水，它们像久违的朋友，紧紧地依在一起，说着悄悄话，相互嬉戏着……哈哈，顽皮的小家伙，耐不住内心的喜悦，在稚嫩的杨柳树枝上蹦跳，嬉戏……

虚拟故事，引发趣味。每篇课文都有鲜词新语出现，句式运用也不相同。课堂教学时，教师要扣紧语言引导学生品析作者用词之意，感悟语言表达的艺术，品读奥秘，仿学运用，触类旁通，提高学生语言运用能力。虚拟故事就是为了达到这个效果，让学生仿用原文语言，变换原文文体，把课文中的故事变换一种形式呈现，以培养学生思维，引发其动笔兴趣，使其收获学习幸福感。

六、积累

积累，是语文学习的重要策略。大多数情况下，对于积累，学生都是死记硬背，机械记忆，效果很不理想。通过变化语用情境，转化"死记"为运用，在运用中积累，在表达中学用。

（一）运用《白杨礼赞》"读读写写"中的任意三个词语，写一段话

例如：这不，搬进新家后，在大门口，爸爸就种下了一排杨树苗，看着这种力争上游的树，笔直的干、笔直的枝，所有丫枝一律向上，紧紧靠拢，成为一束，绝不旁逸斜出。爸爸说："这种树算不得树中的好女子，但它伟岸、正直、朴质、严肃，也不缺乏温柔，是树中的伟丈夫。"

（二）依据《老山界》课文情景，选择课后"读读写写"中的词语，写一段话

例如：红军一路跋涉，来到老山界（越城岭）脚下。部队走走停停，停停走走。经打听知道前面有个地方叫雷公岩，很陡峭，从山脚向上望，火把与星光连接，走着走着，在"之"字拐的路上，向上看，火把从头顶排到天空；向下看，简直是绝壁，火把照着人的脸，就在脚底下。看着这种奇观，令人浑身紧张……走不动了，就地休息，明早登山。半夜，寒气逼人，刺入肌骨，浑身打战，尺八山路，战士们竟能酣然入梦。面对此情此景，我们为工农红军不怕困难、艰苦奋斗的坚强意志和革命乐观主义精神感到骄傲，感到自豪。

改变语境，学生重新梳理课文语言，达到语言积累之目的。这种记忆，是由"死记"到具体情境中的运用，是理解后的积累，是真正的语言学用。

七、诗歌

诗歌是心灵触动的音符，是情感拨动的旋律，是个性跳跃的节拍。诗歌是情感的抒发，是把生活中的人、事、物赋予特殊的情感并分行表达出来，再适当融入想象和联想，就有了诗的味道。

统编版教材九年级上册第一单元"活动·探究"中的任务三"尝试创作"，即对如何写诗进行"技巧点拨"。我们不妨从七年级开始，依据课文创设的情境，就课文内容对学生进行写诗训练，这样做既是一种思维训练，也是一种语言概括训练。

（一）学习《雨的四季》后，可组织学生就某个点试写"诗"

春雨

大地换上美丽的衣裳

树木喜睁期盼的眼睛

枝杈伸展柔韧的手臂

叶儿飘浮着绿莹莹的微波

花苞中滴出少女娇媚的泪珠

丝帘挂在透明的水雾中

闪烁着彩棱镜的光亮

小草犹如复苏的蚯蚓翻动

沙沙声由远而近

空气中流淌着果子的芳香诱惑敏感的鼻子

是雨，驱走冬天，绘制春的容姿

夏雨

没有雷声预告的乌云

不假思索地打下豆粒般的雨点

舒展的毛孔巴望甘露的清凉

享受喜雨的滋润

视线被挡住

耳朵痒索索

可透雨浇灌

丰满的大地展现魅人的诱惑

花朵怒放

树叶鼓浆

杂草争先恐后

绿海绵吸收暑气

荷莲铺满河道

应和着蝉声、蛙鼓，沐浴着热烈、粗狂

奏出夏雨的交响乐

秋雨

成熟的庄稼等待归仓

金黄的种子需要晾干

红透的山果盼望晒甜

忽然窗玻璃上发出响声

那是秋雨

静谧

怀想

动情

闪光的雨点滋润昏暗的天空

倾诉的雨滴敲响寂静的田野

雨

轻柔

深情

屋檐下的水声

窗玻璃上的水花

伴你入梦

深远

高邈

凄冷的雨滴纯净灵魂

净美

开阔

（二）学习《三峡》后，可组织学生写"诗"

三峡

三峡山，高雄峭

长江水，湍急清

秋霜江波行舟

长啸凄异久绝

鸣三声泪沾裳

八、情景想象

　　课前预学是熟悉课文内容的重要策略之一。预学时，除课前设计"预学清单""预习任务单""预学掌握单"等学习任务外，还可确定预学主题，再把微点写作纳入课前预学，让学生书写感触、串词成句、调整语序、变换词语、想象情景等，促使学生静下心来读课文、善思考，既能训练学生的表达，落实素养，提升能力，也能提升预学效果。例如：

（1）《春》情景想象

小草偷偷地从土里钻出来、笑出来，嫩嫩的，绿绿的，鲜鲜的（同类增加）。园子里，田野里，瞧去，望去，这一块那一块，这一片那一片铺成艳丽的画卷（原景补全）。坐着，躺着，跳着，打两个滚，踢几脚球，赛几趟跑，捉几回迷藏。风轻悄悄的，草软绵绵的，他们闪着发亮的眼睛，似乎与我们窃窃私语、低声交谈。（他物拟人）

（2）《一滴水经过丽江》情景想象

今天，一架大水车把我们扬到高处，游览古城的人要把这水车和清凉的水做一个美丽的背景摄影留念。我乘着水车转，轮缓缓升高。我看到了古城，看到了狮子山上苍劲的老柏树，看到了脱贫致富的新农村（原景补全），看到了依山而起的重重房屋，看见了顺水而去的蜿蜒老街。古城的建筑就这样融入了自然，共建了自然，和谐了自然（同类增加），美丽了自然。我欢笑、奔腾，跃入水车（他物拟人）……

（3）《我的叔叔于勒》情景想象

我大姐那时28岁，二姐26岁。她们老找不着对象，这是全家都十分发愁的事。终于有一个看中二姐的人上门来了。他是公务员，没有什么钱，但是诚实可靠。他们交往了好几个月，可那公务员就是不向二姐求婚，爸爸妈妈成天担心，害怕未来的"姐夫"因为我家穷而放弃与二姐的婚姻（情景补写）。我总认为这个青年之所以不再迟疑而下决心求婚，是因为有一天晚上我们给他看了于勒叔叔的信。我们家赶忙答应了他的请求，并且决定在举行婚礼之后全家到哲尔赛岛去游玩一次。哲尔赛岛是穷人们最理想游玩的地方。听邻家小朋友说，九月的哲尔赛岛阳光和煦，太阳毫不吝啬地把光芒泼洒到大地的每个角落，路边的树啊，草啊，花啊，都好像注满了活力，到处充满温暖和生机。我们走在林荫小道上，惬意地享受着迎面扑来的凉爽的微风，欣赏着这美好的夏景，此情此景令人心旷神怡（美景设想），神清气爽。

课前文本预习，要让学生带着发现、探寻、质疑来阅读课文，读出味道，读出感悟，读出体验。常言道：不动笔墨不读书，因此，教师要引导学生动笔表达自己的预学感悟，如可以组织结构布局选定、材料详略安排、情感表达理解、人物描写技巧训练，或选词写句成段、概括课文内容等。这样，便于让语文教师掌握学生预习的真实状况，又能促使学生真实地去表达、真心地去预学，同时学生的表达能力、写作能力、思考能力也能得到有效的锻炼，使课前预习事半功倍。

第二节　单元整篇教学策略

篇章，百度词条中解释为：篇幅与章节，泛指文学作品或文学著作。

我们知道统编版初中语文教材每个单元的编排体系中先有阅读教学，后有写作教学，很多教师课堂教学中习惯于先阅读后写作；再者，阅读教学篇目4～5篇，既有教读课，也有自读课，而写作任务只有一次，这是导致"读"与"写"畸形发展的重要因素。

荀子《劝学》中就有："不积跬步，无以至千里；不积小流，无以成江海。"列宁说："要向大目标走去，就要从小目标开始。"为了读写共生、和谐发展，在单元教学中，我们尝试把单元"整篇写作"这个"大目标"细化为若干"微点写作"的"小目标"融入阅读教学的"课时设计"中，正像统编版语文教材主编温儒敏老师所说的那样，采取"1+X"的办法，即学一篇课文，附加若干课外阅读的文章，实践训练，逐标落实；单元整篇写作这个"面"，通过课时微写这个"点"，实现"小目标"到"大目标"的成功过渡。

课堂教学落实"微写作"目标，可使"微点写作"有章可循，有法可依，使"整篇写作"布局合理，选材典型，情感充沛，实现落实素养、提升能力、读写共生之目标。

多种描写　呈现个性

——写人的层级读写与例文

核心任务：写一篇运用不同描写方法来呈现人物不同性格的写人记叙文。

任务一：外貌描写、描摹个性

外貌描写是通过人物的面貌、着装、形体等的描写来刻画人物形象。俄国讽刺作家果戈理曾说："外形是理解人物的钥匙。"鲁迅先生说，画眼睛是突出人物特征的最好方式。"画眼睛"既是刻画人物外貌的关键，通过眼神变化表现出人物的性格和心理变化，也是一种比喻的修辞说法。外貌描写不见得一定要刻画人物眼睛，也可以抓住其他关键部位来写人物。例如，头（……他总是微笑起来，而且将头仰起，摇着，向后面拗过去，拗过去。《从百草园到三味书屋》）、手（红活圆实的手，却又粗又笨而且开裂，像是松树皮了。《祝福》）、脚（小女孩只好赤着脚走，一双小脚冻得红一块青一块的。《卖火柴的小女孩》）

当然，把外貌与神态相结合，人物形象会更丰满，更富有张力。有人说把外貌看成是静态的外貌描写，神态看成是动态的外貌描写，这是很有道理的，"静"与"动"相结合，在变化中描写人物外貌，彰显人物形象。

（一）经典回顾、方法指导

1. 那天我又独自坐在屋里，看着窗外的树叶"唰唰啦啦"地飘落。母亲进来了，挡在窗前："北海的菊花开了，我推着你去看看吧。"她憔悴的脸上现出央求般的神色。"什么时候？""你要是愿意，就明天？"她说。我的回答已经让她喜出望外了。

——摘自《秋天的怀念》

[赏读]"憔悴"指瘦弱，面色不好；"央求"指再三恳求。母亲为了照顾因病瘫痪的儿子变得瘦弱、憔悴，为了尽快让儿子从痛苦中走出来，母亲"央求"儿子，通过外貌描写写出母亲关心、疼爱儿子，表现了母亲的慈祥与疼爱。

2. 他是一个高而瘦的老人，须发都花白了，还戴着大眼镜。

——摘自《从百草园到三味书屋》

[赏读]这是"我"初次见到的先生的外貌，从整体而言是"高""瘦"；局部写到"须发""戴眼镜"。具体的写法为"先整体后局部"。

3. 他生就一副多毛的脸庞，植被多于空地，浓密的胡髭使人难以看清他的内心世界。长髯覆盖了两颊，遮住了嘴唇，遮住了皱似树皮的黝黑脸膛，一根根迎风飘动，颇有长者风度。宽约一指的眉毛像纠缠不清的树根，朝上倒竖。一绺绺灰白的鬈发像泡沫一样堆在额头上。不管从哪个角度看，你都能见到热带森林般茂密的须发。像米开朗琪罗画的摩西一样，托尔斯泰给人留下的难忘形象，来源于他那犹如卷起的滔滔白浪的大胡子。

——摘自《列夫·托尔斯泰》

[赏读]托尔斯泰的"肖像画"。整体：脸庞、胡髭。局部：长髯、眉毛、鬈发、大胡子。具体的写法"先整体后局部"。在写到局部（长髯、眉毛、鬈发、大胡子）时，运用比喻的修辞手法，把"眉毛"比喻为"树根"，"鬈发"像"泡沫"，"须发"像"热带森林"，"大胡子"像"滔滔白浪"，同时，发挥想象和联想，由"须发"联想到"热带森林"，由"大胡子"联想到"白浪"等，使外貌明显，个性突出。

（二）创设情境、依法初写

请同学们用自己的妙手写写自己同学的外貌。

微写1：李彦梅可漂亮啦！卷卷的黄头发自然地披在肩上；她的眼睛太迷人了，乌黑乌黑的，如葡萄一般；高高的鼻子和樱桃小嘴配合起来，有点混血儿的味道。同学们可喜欢她啦！

［赏读］"李彦梅可漂亮啦！"是整体；而"黄头发""眼睛""鼻子""嘴巴"是局部。"整体"与"局部"合理搭配，张扬个性，特征明显，形象突出。

微写2：田华是靓丽女。她头发柔顺，有光泽，如绸缎般。红扑扑的小脸蛋上，一双水灵灵的大眼睛乌黑乌黑的，葡萄一般。鼻子小巧，挺挺的，加上那总是嘟起来的樱桃小嘴，可爱极了。最有特点的还是她的眼镜，大得出奇，几乎遮住了她一半的脸，镜框是圆的，让人感觉她戴的不是眼镜，而是两个放大镜。

［赏读］"田华是靓丽女"是整体，"头发""脸蛋""眼睛""鼻子""嘴巴"是局部。特别是"眼镜"成为田华最主要的特征，是特写。由"整体"到"局部"到"特写"，这是巧妙的人物外貌的描写方法。这样既写出人物的特别之处，也写出人物的个性来。

外貌描写，一个很好的策略就是先"整体"后"局部"再"特写"。同时，写人物的外貌要把人物内心的精神品质写出来，如赛场上要表现出激烈与紧张，参赛选手内心肯定是兴奋与激动的，那么起跑线上就应是紧张与兴奋，这样才能符合此时此刻的场景；还应该运用修辞进行渲染；综合运用多种部位写外貌；等等。

外貌描写四字诀：抓住特征，先画整体，后摹局部，巧用多点，凸显特别，结合神态，形神兼备。

（三）修改分享、微写升格

情景：今天体育课上，七（3）班和七（6）班进行800米预决赛，请同学们写写此场景中某个同学的外貌。

微写1：起跑线上，她顺手把披散在肩上的略带灰色的金发，用皮筋紧紧扎起来，脑袋左右摆动摆动，又把头发紧了紧，那两只黑亮的眼睛闪烁着微波，眉宇紧锁着，深情地望着远方。她两手张开，身体微微前倾，挥动胳膊，仿佛插上了一双翅膀，欲飞到终点线……她做着起跑前的热身运动。

微写2：平时，王宇恒那张鹅蛋形的脸，就像刚刚从住院部走出来的一样。头发短短地依着圆圆的面孔，就像无数的藤条盘着菠萝。可是，当她站在起跑线上，原本面如土色的脸涨得通红，她嘴角微微颤动着，半张着嘴，眼里闪烁着一股无法遏止的旺火，牙齿紧咬，好似一头被激怒的狮子，只等一声令下，冲向前方，应战赛场，称霸"武林"。

任务二：语言描写、符合个性

语言描写是塑造人物形象的重要手段。语言描写包含独白（个人）和对话（两人或多人）。常言道：言为心声。思想、经历、地位、性格不同的人，所说的话也是不相同的。成功的语言描写总会流露出人物的情绪、想法，也就是鲜明地展现人物特征，生动地表现人物的思想情感，深刻地反映人物的内心世界。

（一）经典回顾、方法指导

① 不知从那里听来的，东方朔也很渊博，他认识一种虫，名曰"怪哉"，冤气所化，用酒一浇，就消释了。……现在得到机会了，可以问先生。

"先生，'怪哉'这虫，是怎么一回事？……"我上了生书，将要退下来的时候，赶忙问。

"不知道！"他似乎很不高兴，脸上还有怒色了。

② 三味书屋后面也有一个园，虽然小，但在那里也可以爬上花坛去折蜡梅花，在地上或桂花树上寻蝉蜕。……先生在书房里便大叫起来：

"人都到那里去了？！"

人们便一个一个陆续走回去；一同回去，也不行的。他有一条戒尺，但是不常用，也有罚跪的规则，但也不常用，普通总不过瞪几眼，大声道：

"读书！"

于是大家放开喉咙读一阵书，真是人声鼎沸。……只有他还大声朗读着：

"铁如意，指挥倜傥，一座皆惊呢；金叵罗，颠倒淋漓噫，千杯未醉嗬……"

——摘自《从百草园到三味书屋》

[赏读] 这是三味书屋里的生活。"我"来到三味书屋读书,有苦闷,有快乐,当然也有疑问,机会来了可以向先生请教。寿镜吾先生的话语,既有感叹、疑问,也有陈述,表现出他的严厉、恼怒与不容分说;同时,先生读书时自我陶醉、旁若无人的神态表露无遗。三味书屋的生活,与百草园相比,缺少了趣味,也没有了神秘,可也有它独特的风味。

闻其言知其人,人物的语言必须符合人物的身份、职业、年龄、地位、心理状态等,也要符合情境、场合。那如何让语言表现人物形象呢?

1. 变换方式,丰富"说话"

① "那只羚羊哪儿去啦?"妈妈突然问我。("问"是疑惑)

② "没有……妈……我送给别人了。"我都快哭了,连忙解释着。("解释"是说明)

③ "不!"我哭着喊了起来。("喊"是反抗)

④ 妈妈忍不住喊起来:"您总是惯着他,您知道那是多么贵重的东西呀!"("喊"是批评)

(以上例句选自《羚羊木雕》)

⑤ ……大声道:"读书!"("道"是命令)(《从百草园到三味书屋》)

⑥ 我心里无声地呼喊着:"光明!光明!快给我光明!"("呼喊"是盼望)(《再塑生命的人》)

2. 特定位置,灵活"说话"

(1)提示语在前面

① 我用几乎要哭出来的声音,悲愤地反抗了一句:"看看都不行吗?"其实我的声音是多么软弱无力。(《窃读记》)

② 鲁迅先生说:"来啦!"(《回忆鲁迅先生》)

③ 行者上前叫:"牛大哥,开门!开门!"(《西游记》)

④ ……大声道:"读书!"(《从百草园到三味书屋》)

⑤ ……一见面,就将一包书递给我,高兴地说道:"哥儿,有画儿

的'三哼经'，我给你买来了！"（《阿长与〈山海经〉》）

（2）提示语在后面

① "先生，'怪哉'这虫，是怎么一回事？……"我上了生书，将要退下来的时候，赶忙问。（《从百草园到三味书屋》）

② "好久不见，好久不见。"一边说着一边向我点头。（《回忆鲁迅先生》）

③ "你怎么啦？"万芳焦急地问我。（《羚羊木雕》）

（3）提示语在中间

① "那里的话？！"她严肃地说。"我们就没有用么？我们也要被掳去。城外有兵来攻的时候，长毛就叫我们脱下裤子，一排一排地站在城墙上，外面的大炮就放不出来；再要放，就炸了！"（《阿长与〈山海经〉》）

② "你现在就去把它要回来！"妈妈坚定地说，"……要不我和你一起去！（《羚羊木雕》）

（4）没有提示语

① "给我读熟，背不出，就不准去看会。"（《朝花夕拾》中《五猖会》）

② "可……这是我的东西呀！" " "是，这是爸爸妈妈给你的，可并没有允许你送给别人呀！"（《羚羊木雕》）

3. 语言个性，辅助"说话"

① "有过这样的事吗？"他惊异地笑着说，就像旁听着别人的故事一样。（有神态）（鲁迅《风筝》）

② ……一面赶忙收拾盆罐，一面带着鼓励的神气笑笑地说："老弟，老弟，明天再来，明天再来！你应当捉好的来，走远一点。明天来，明天来！"（有动作、有神态地说，刻画了一个害怕失败而鼓励别人继续向前走的人物形象）（沈从文《我读一本小书同时又读一本大书（节选）》）

在特定的语言环境中，说话人往往会流露出心思、想法等。所以，为了更好地说话，我们可以用手机或录音笔把他人说的话录下来，再转化为文字来思考与研究，如语序、句式、口吻、用词等的特点。人说的话是稍纵即逝的，凭借记忆很难再现，录音转文字，精彩多训练。

（二）创设情境、依法初写

情景：在学校或家庭中，运用对话（语言）描写，呈现老师与同学、同学与同学或家庭成员（两人或多人）之间的一场"矛盾"，展现人物形象。

微写1：周末，补觉，赖在床上不起来。爸爸看见了，把我从床上拽起来，"孩子，快起来，马上就要来客人了！""客人？是谁呀？"我奇怪地问。"你不知道，你姐姐要出嫁了，请媒人来吃顿饭。早市上，我已经买了一堆菜回来。"啊！瞧：绿油油的菠菜、鲜嫩的韭菜、小灯笼似的辣椒、胖嘟嘟的生姜、莲花般的蘑菇，（感受之评：同一类事物，可缩减一两处，用省略号，效果更突出）还有鲜嫩的牛肉、肥胖的鸡肉，好丰盛。这时，妈妈从厨房里出来，一见我还穿着睡衣，就开腔了："哎呀，你怎么还穿着睡衣呢？快点换一下。"我边换衣服边批评妈妈："彩礼不都说好了吗，日子也订了啊。"妈妈有点火了："你小孩子懂的还挺多的，快换衣服。"我只好作罢。

微写2：他，30多岁，精明能干，是我们的化学老师，同学间口碑很好。（照应之评："同学间口碑很好"与下文的"猛然，他直视着我们……"有些不符。"口碑好"就说明老师有爱心，与同学们打成一片，不会轻易发脾气的；后面交代"猛然，他直视着我们"让老师有这么大变化的原因是什么呢，应该交代清楚，否则就前后情感不一致）一次，还没有上课，他就走进来了，我与同桌正在为一个数学问题争执着，他用特别响亮的声音说："现在看老师来做实验！"他大发脾气道："你一个女孩子，有多重的分量，用秤称一称能有几斤几两！"瞬间，教室里安静了下来。他在盘子里找，又往口袋里掏，掏出了一个打火机，"嗯嗯"两声，站直身子。同桌小声说："今天，他哪根神经有问题了？"猛然，他直视着我们……

（三）修改分享、微写升格

请同学们用"个性语言表现个性人物"的方法，对微写内容进行修改升格。

微写1：周末，补觉，赖在床上不起来。爸爸看见了，把我从床上拽起来，说："孩子，快起来，马上就要来客人了！""客人？是谁呀？"我奇怪地问。"你不知道，你姐姐要出嫁了，请媒人来吃顿饭。早市上，我已经买了一堆菜回来。"啊！瞧：绿油油的菠菜、鲜嫩的韭菜……还有鲜嫩的牛肉、肥胖的鸡肉，好丰盛。这时，妈妈从厨房里出来，一见我还穿着睡衣，就开腔了："哎呀，你怎么还穿着睡衣呢？快点。"我边换衣服边批评妈妈："彩礼不都说好了吗，日子也订了啊？"妈妈有点火了："你小孩子懂的还挺多的，快换衣服。"

微写2：他，30多岁，精明能干，是我们的化学老师，同学间口碑很好。一次，还没有上课，他就走进来了，我与同桌正在为一个数学问题争执着，他用特别响亮的声音说："现在看来老师做实验！"他大发脾气道："你一个女孩子，有多重的分量，用天平称一称能有几斤几两！"瞬间，教室里安静了下来。他在盘子里找，又往口袋里掏，掏出了一个打火机，"嗯嗯"两声，站直身子。同桌小声说："今天，他哪根神经有问题了？"猛然，他直视着我们……课后，我们了解到，是由于我们课前没有早早做好准备，他才发脾气的。

任务三：动作描写、体现个性

动作描写也叫行动描写，即对人物行为、动作、活动的描写，是通过描写人物做什么和怎样做来表现人物的性格特点和精神面貌，凸显人物的个性特征（思想、品格、性格、心理）以及习惯的，是表现人物性格及塑造人物形象的主要手段。黑格尔在《美学》中强调："能把个人的性格、思想和目的最清楚地表现出来的是动作，人的最深刻方面只有通过动作才能见诸现实。"动作描写的作用是可使描写的人物形象栩栩如生、活灵活现，个性特征更加鲜明。

（一）经典回顾、方法指导

冬天的百草园比较的无味；雪一下，可就两样了。拍雪人（将自己的全形印在雪上）和塑雪罗汉需要人们鉴赏，这是荒园，人迹罕至，所以不相宜，只好来捕鸟。薄薄的雪，是不行的；总须积雪盖了地面一两天，鸟雀们久已无处觅食的时候才好。扫开一块雪，露出地面，用一枝短棒支起一面大的竹筛来，下面撒些秕谷，棒上系一条长绳，人远远地牵着，看鸟雀下来啄食，走到竹筛底下的时候，将绳子一拉，便罩住了。但所得的是麻雀居多，也有白颊的"张飞鸟"，性子很躁，养不过夜的。

——摘自《从百草园到三味书屋》

［赏读］"扫开""支起""撒""系""牵""看""啄食""拉""罩住"一个动作连着一个动作，把捕鸟的全过程描写得细致具体，表现了人物的心灵、手巧、聪明、能干。同时"动作"前添加修饰语、限定词：（用一支短棒）支起、（下面）撒些秕谷、（棒上）系一条长绳、（人远远地）牵着、（看鸟雀下来）啄食，走到（竹筛底下的时候）、（将绳子）一拉，便罩住了，把捕鸟的全过程形象、具体地展现出来了。

动作描写的方法有很多种，如：

（1）动连着动，就是把连续动作连贯地写出来。

原句：中午放学了，他把书包往肩上一撂，蹦跳着下楼，跑着回家去。

改句：中午放学了，他把书、练习本、铅笔盒什么的一股脑儿往书包里一塞，书包拉链拉了一半，就往肩上一撂，蹦跳着下楼，还哼着小调。来到校门口，他左右一望，正值车流空隙，就顺着人行道，快走几步，窜过马路。他跑着拐进一条小巷，放慢速度走着，他家就在小巷内。

［赏读］补充细节"书、练习本、铅笔盒什么的一股脑儿往书包里一塞，书包拉链拉了一半""来到校门口，他左右一望，正值车流空隙，就顺着人行道，快走几步，窜过马路""他跑着拐进一条小巷，放慢速度走着，他家就在小巷内"。三处细节，把一个学生放学回家的全过程绘声绘色地描绘出来了。

（2）动与动分开，就是把连续动作不要连贯地写出来，而是间隔地写，也就是拆解动作，分开来写。

1. 我们沿着小路散步到井房，房顶上盛开的金银花芬芳扑鼻。莎莉文老师把我的一只手放在喷水口下，一股清凉的水在我的手上流过。她在我的另一只手上拼写"water"——"水"，起先写得很慢，第二遍就写得快一些。我静静地站着，注意她手指的动作。突然间，我恍然大悟，有一种神奇的感觉在我脑中激荡，我一下子理解了语言文字的奥秘了，知道了"水"这个词就是指正在我手上流过的这种清凉而奇妙的东西。

——摘自《再塑生命的人》

[赏读]"我们"一块"散步"，接着写环境（"房顶上盛开的金银花芬芳扑鼻"），莎莉文老师把"我"的手"放"到喷水口下，写水"流过"手的感受（清凉），莎莉文老师"拼写"水，写拼写的速度（"起先写得很慢，第二遍就写得快一些"），再接着写"我"的感悟（"有一种神奇的感觉在我脑中激荡，我一下子理解了语言文字的奥秘了，知道了'水'这个词就是指正在我手上流过的这种清凉而奇妙的东西"）。通过动作中间穿插"环境""感受""速度""感悟"，把"我们"为了"水"与"杯"争执后出来散步，"水"从"我"的一只手上流过的时候，莎莉文老师在"我"的另一只手上写着"水"，此时"我"清晰地感受到了"水"的存在，理解了语言文字的奥秘。通过分解动作，把"我"对"水"的认识过程恰当地描写出来。

2. 我跨进书店门，暗喜没人注意。我踮起脚尖，使矮小的身体挨蹭过别的顾客和书柜的夹缝，从大人的腋下钻过去。哟，把短发弄乱了，没关系，我到底挤到里边来了。在一片花绿封面的排列里，我的眼睛过于急切地寻找，反而看不到那本书的所在。从头来，再数一遍。啊！它在这里，原来不是在昨天的位置了。

——摘自《窃读记》

[赏读]我"跨进"店门，高兴没有人注意到（"窃喜没人注意"），就"踮起"脚尖，"挨蹭"着"钻"过去，我的头发被弄乱（"哟，把短头发弄乱了，没关系，我到底挤到里边来了"），"寻找"书，再写"书"的存在与否（反而看不到那本书的所在），"数"着再找一遍，终于找到了。通过动作中间穿插"没人注意""头发弄乱""书"

的存在与否等，把"我"跨进店门，来到书柜前，急切找到需要的书的全过程细致、具体地描写出来了，犹如画面般一一呈现在读者面前。

3. 我再施惯技，又把自己藏在书店的一角。当我翻开第一页时，心中不禁轻轻呼道："啊！终于和你相见！"这是一本畅销的书，那么厚厚的一册，拿在手里，看在眼里，都够分量！受了前次的教训，我更小心地不敢贪婪，多串几家书店更妥当些，免得再遭遇到前次的难堪。

——摘自《窃读记》

[赏读] 把自己"藏"在书店，把阅读的书当作老朋友（"心中不禁轻轻呼道：'啊！终于和你相见！'"），连用两个"！"表达出对这本书的急切。接着再说这本书"畅销""厚厚""分量"等，说明为了这本书，不管怎么做都值得。从中可以看出，适当加入语言、神态等描写，使动作更形象生动。

（3）动加修饰，就是在使用动词前加入词或短语来修饰动作，为中心服务。

例如，"他将试管递到我手里"这句话，动词只有一个"递"，我们可以将这个"动作"分解开来，添加修饰语。

如果表达主题是"递试管的人"积极主动、乐于帮助，就可以这样写：

他（赶紧）转身，（从另一处的试管架上用试管夹）取出一根试管，（顺手）拿起试管刷，来到（水龙头旁边），（细心地）清洗试管，（快速）拿过来递到我的手里。

如果表达主题是"递试管的人"消极被动，很不情愿，就可以这样写：

他（慢悠悠地）转身，（从另一处的试管架上用试管夹）取出一根试管，（瞄了我一眼，顺手）拿起试管刷，挪到（水龙头旁边），（粗略地）清洗试管，（慢腾腾地）拿过来递到我的手里。

在具体情境中，主题不同，情感不同，表达不同，效果也不同。

（二）创设情境、依法初写

情景：请同学们尝试大冷天帮助别人却遭到了拒绝的描写。

微写：天气很冷，一位大爷蹬着装满垃圾的三轮车，我想帮他，他不让。

[赏读] 简单、笼统，没有细节描写，效果也大打折扣。

情景：同学们选择一项有益活动（如打篮球、打乒乓球、拔河比赛、跳绳、踢毽子等），也运用一系列动词把活动饶有趣味地描述出来。200字以内。

微写1：就这样你来我往，比赛到了关键阶段，比分8∶8。对手发球，只见他高高地将球抛起，眼睛死死盯着，球接触球板的一瞬间，他手腕轻轻一抖，脚一跺，球高速旋转着，向这边飞来。

[赏读] "抛起""盯着""接触""抖""跺""旋转"等词写出了发球的全过程。有直接描写，但缺少观众反应，也缺少情感，这样感染力也就有所欠缺。

微写2：首先要找一个操场，然后找接力棒，手里拿着接力棒时刻准备着。当裁判员吹哨子时，注意：反应一定要敏捷，动作一定要快，要像离弦的箭一样飞出去。当到第二棒时，手中的接力棒一定要拿稳，不能松手。当到第三棒时，不能出一点差错，要不然会前功尽弃。到最后一棒的时候，一定要冲刺，要像脱缰的野马一样，这样胜利就在眼前。

[赏读] "首先要找一个操场，然后找接力棒，手里拿着接力棒时刻准备着"，这是不懂写作规律，全是零散的点，没有整体意识。这是"讲道理"的典型做法，是我们学生写作中的弊病。就算"讲道理"吧，结果也没有把道理讲清楚，"细节"吧，一处没有。这很大程度上是课堂上没有对学生进行细致具体的写作训练所导致的结果。

（三）修改分享、微写升格

微写1：那是一个寒冷的冬日，刚下过雪，地面很滑。一位老大爷蹬着装满废弃物的三轮车，显得很吃力，时不时松开破旧的棉衣口扇扇；有时停下车，手往嘴上一捂，哈上几口热气，搓搓手，又一鼓作气地向前骑。正可谓天不助人，没走几米，车轮又停下来了。我绕到车后，想搭把手。老大爷说："小朋友，不麻烦你了，我缓缓再骑。"

微写2：他左手拿乒乓球，右手持球拍，左手轻抛乒乓球，等球下落的当儿，球拍紧贴着乒乓球稍微用力，乒乓球就顺势弹到了对方球台上，比赛开始了。随着挡、铲、扣、劈、削，变换着不同的姿势，你来我往，一个球至少十几个来回，比赛越来越激烈。旁边的同学评论"精彩""过瘾"，听在耳中，乐在心中。突然，对手一个猛扣，球直直飞到他的怀里。防守不及，这一球输掉了。好朋友在旁边叫道："一心不能二用，用心打球。"他猛然回过神来。比赛在继续……

微写3："预备，跑！"在裁判员的一声令下，每个跑道的第一棒都像离了弦的箭一样射了出去。操场上顿时响起了阵阵掌声和欢呼声。因为我们班前面几名同学都是"健将"，所以一上场就把另外几个班的同学甩在了后面，可惜好景不长，二班的同学又追了上来。啦啦队使出全力为我们加油，又跺脚又呐喊。最后一棒轮到我跑，我早就开始小跑，做好接棒的姿势。当接住棒后，全力冲向终点，伴随着啦啦队的加油声，我更起劲了。5米，3米，2米，1米……我冲过终点。"耶！我们赢了！我们赢了！"全班同学都欢呼起来。

任务四：心理描写、丰满个性

心理描写，即对人物在一定环境中，围绕客观事物而产生的看法、感触、联想、潜意识等思想活动的描写。法国作家雨果说："有一种比海更大的景象，是天空；还有一种比天空更大的景象，那就是人的内心世界。"

心理描写是塑造人物形象、刻画人物性格的重要手段。通过对人物心理的描写，能够直接深入心灵，揭示内心世界，表现丰富而复杂的思想感情，推动故事情节的发展，深化文章的主题等。心理描写的分类可如图3-1所示。

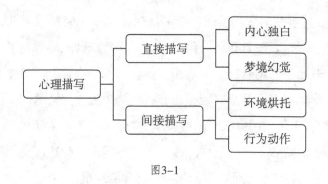

图3-1

(一)经典回顾、方法指导

1. 我们沿着小路散步到井房，房顶上盛开的金银花芬芳扑鼻。……突然间，我恍然大悟，有一种神奇的感觉在我脑中激荡，我一下子理解了语言文字的奥秘了，知道了"水"这个词就是指正在我手上流过的这种清凉而奇妙的东西。

水唤醒了我的灵魂，并给予我光明、希望、快乐和自由。

——摘自《再塑生命的人》

[赏读] 这个时候拼写的词与事物才建立了联系，"我"终于理解了每个词都有它具体的含义，"理论"与"实践"相结合才促使"我"认识了"水"这种事物。文章将"水唤醒了我的灵魂，并给予我光明、希望、快乐和自由"这句话独立成段，来突出"水"对"我"的意义。

2. 井房的经历使我求知的欲望油然而生。啊！原来宇宙万物都各有名称，每个名称都能启发我新的思想。我开始以好奇的眼光看待每一样东西。回到屋里，碰到的东西似乎都有了生命。我想起了那个被我摔碎的洋娃娃，摸索着来到炉子跟前，捡起碎片，想把它们拼凑起来，但怎么也拼不好。想起刚才的所作所为，我悔恨莫及，两眼漫满了泪水，这是生平第一次。

那一天，我学会了不少词，譬如"父亲"（father）、"母亲"（mother）、"妹妹"（sister）、"老师"（teacher）等。这些词使整个世界在我面前变得花团锦簇，美不胜收。记得那个美好的夜晚，我独自躺在床上，心中充满了喜悦，企盼着新的一天快些来到。啊！世界上还有比我更幸福的孩子吗？

——摘自《再塑生命的人》

[赏读] 文章最后两段，重点是自己心路的历程，"我"开始用心感受世界，感受生命，通往世界的大门开启了。文中写出作者"悔恨莫及"的心理，"喜悦"的心情，结合神态描写"两眼浸满了泪水"，运用反问句式，直抒胸臆，写出了作者的懊悔自责的心情和内心喜悦的情感。文中抒发作者情感的句子直接热烈、真切感人，看到"光明"后的欣喜若狂、欢天喜地的心情跃然纸上。

心理描写可使人物添彩增色、形象丰满，但对于人物心理活动的描写要根据实际情况以及表达主题的需要做详略安排或多加描绘。

1. 内心独白

内心独白就是自己对自己说无声的话语。人在不同的心理状态下会对自己讲不同的话，这就能反映人物不同的心理状态；把特定状态下自己对自己讲的话详尽地描写下来就能生动形象地表现出人物的心理；在内心独白前可加"想""心里话""心里念叨""对自己说"等词或词组。

1. 我趁着慢步给脑子一个思索的机会："昨天读到什么地方了？那女孩不知以后嫁给谁？那本书放在哪里？左角第三排，不错。……"走到三阳春的门口，便可以看见书店里仍像往日一样地挤满了顾客，我可以安心了。但是我又担忧那本书会不会卖光了，因为一连几天都看见有人买，昨天好像只剩下一两本了。

——摘自《窃读记》

[赏读] 一连三问：读到哪里、什么内容、放置什么地方，尤其是放书的位置，还能准确地想起来，这不仅仅是记忆力好的原因，更是在书店能够阅读书籍的渴望。接着，看到书店与往日一样，这是盼望的结果，也是书店的现状。正因为这样，她才能"安心"，才能不引起别人的关注。

2. 不过我确信，借由视力观察他们对不同事物、不同观点做出的不同反应，抓住他们眉眼间稍纵即逝的表情，我就能获得对他们深层次的理解。

——摘自《假如给我三天光明（节选）》

［赏读］由"反应""表情"等这些细微的变化，来洞察人们的内心世界，这是一种观察人物心理变化的方法，也是"我"获取对周围情况做出准确判断的有效途径。

3. 突然间，我恍然大悟，有一种神奇的感觉在我脑中激荡，我一下子理解了语言文字的奥秘了，知道了"水"这个词就是指正在我手上流过的这种清凉而奇妙的东西。

——摘自《再塑生命的人》

［赏读］通过"神奇的感觉""脑中激荡""理解""奥秘"等词语或短语，把内心的独特感受，细致地表述为"清凉而奇妙的东西"，这是内心感受的外化，也是"内心独白"的具体表现。

2. 梦幻描写

人在悠闲或极度紧张的状态下，眼前或耳边会有虚幻的画面或声音，其内容往往是自己希望看到、最怕看到或听到的，把这些详细地描绘下来，就是当时人们内心的最好写照，就能十分准确地表现人物的内心世界。

1. 他们由天上看到山上，便不觉地想起："明天也许就是春天了吧？这样的温暖，今天夜里山草也许就绿起来了吧？"就是这点儿幻想不能一时实现，他们也并不着急，因为有这样慈善的冬天，干啥还希望别的呢！

——摘自《济南的冬天》

［赏读］写冬天济南人们的悠闲与舒适、梦幻与期盼。这是济南人们的内心世界，也是幸福生活的表征，更是对家乡生活的热爱。

2. 她的一双小手几乎冻僵了。啊，哪怕一根小小的火柴，对她也是有好处的！她敢从成把的火柴里抽出一根，在墙上擦燃了，暖和暖和自己的小手吗？她终于抽出了一根。哧！火柴燃起来了，冒出火焰来了！她把小手拢在火焰上。多么温暖多么明亮的火焰啊，简直像一支小小的蜡烛。这是一道奇异的火光！小女孩觉得自己好像坐在一个大火炉前面，火炉装着闪亮的铜脚和铜把手，烧得旺旺的，暖烘烘的，多么舒服啊！唉，这是怎么回事呢？她刚把脚伸出去，想让脚也暖和一下，火柴灭了，火炉不见了。她坐在那儿，手里只有一根烧过了的火柴梗。

她又擦了一根。火柴燃起来了，发出亮光来了。亮光落在墙上，那儿忽然变得像薄纱那么透明，她可以一直看到屋里：桌上铺着雪白的台布，摆着精致的盘子和碗，肚子里填满了苹果和梅子干的烤鹅正冒着香气。更妙的是这只鹅从盘子里跳下来，背上插着刀和叉，摇摇摆摆地在地板上走着，一直向这个穷苦的小女孩走来。这时候，火柴灭了，她面前只有一堵又厚又冷的墙。

——摘自安徒生《卖火柴的小女孩》

［赏读］此部分内容是对卖火柴的小女孩在极度饥饿中的幻觉描绘。小女孩无依无靠，饥寒交迫，受尽苦难，这种心理是她对没有寒冷、没有饥饿的理想生活的追求和向往的真切写照，也是贫困生活中人们的美好愿望。它不单单是小女孩的盼望，更是千千万万人们生活的真实写照。

3. 这里宝玉昏昏默默，只见蒋玉菡走了进来，诉说忠顺府拿他之事；只见金钏儿进来哭说为他投井之情。宝玉半梦半醒，都不在意。忽又觉有人推他，恍恍惚惚听得有人悲戚之声。宝玉从梦中惊醒，睁眼一看，不是别人，却是林黛玉。

——摘自曹雪芹《红楼梦》

［赏读］此段文字，作者就描写了梦境。它既揭示出了宝玉关心体贴婢女、思想叛逆、具有民主思想的性格特征，又反映出当时社会中，处于下层地位的人任人宰割的不合理的黑暗现实。

3. 行为动作

俄国短篇小说家契科夫说："最好还是避免描写人物的精神状态，应当尽力使得人物的精神状态能够从他的行动中表现明白。"人物个性鲜明的动作往往能传神地表现出人物的心理活动。

行为动作是心理活动的外在表现形式，人物的心理通过行为动作向外界传达。人在紧张的状态下他（她）的行为动作就会扭曲，就会与平时不同，这是心理活动的最好明证。

1. 孔乙己一到店，所有喝酒的人便都看着他笑，有的叫道："孔乙己，你脸上又添上新伤疤了！"他不回答，对柜里说："温两碗酒，要一碟茴香豆。"便排出九文大钱。

——摘自《孔乙己》

[赏读]作为自以为读书人的孔乙己，打心眼里就瞧不起那些短衣帮，所以对他们的嘲笑丝毫不在意。相反，为了显示自己与短衣帮的不同，便将九文大钱——"排"在柜台上。"排"这一典型动作充分反映出孔乙己得意、炫耀的心理。

2.（胡屠户）一个嘴巴打将去。众人和邻居见这模样，忍不住地笑。不想胡屠户虽然大着胆子打了一下，心里到底还是怕的，那手早颤起来，不敢打到第二下。

——摘自《范进中举》

[赏读]胡屠户为中举后喜极而疯的女婿范进治疯，打了他一个嘴巴，那细微的动作"颤"，则将此时胡屠户的恐惧心理刻画得淋漓尽致，也是封建社会人性的真实写照。

3.我跨进书店门，暗喜没人注意。我踮起脚尖，使矮小的身体挨蹭过别的顾客和书柜的夹缝，从大人的腋下钻过去。哟，把短发弄乱了，没关系，我到底挤到里边来了。在一片花绿封面的排列里，我的眼睛过于急切地寻找，反而看不到那本书的所在。从头来，再数一遍。啊！它在这里，原来不是在昨天的位置了。

——摘自《窃读记》

[赏读]我"跨进"书店门，高兴没有人注意到（窃喜没人注意），就"踮起"脚尖，"挨蹭"着"钻"过去，我的头发被弄乱（哟，把短发弄乱了，没关系，我到底挤到里边来了），"寻找"书，再写书的存在与否（反而看不到那本书的所在），"数"着再找一遍，终于找到了。通过动作中间穿插"没人留意""头发弄乱""书的存在与否"等，把"我"跨进书店门，来到书柜前，急切找到需要的书的全过程细致、具体地描写出来了，犹如画面般一一呈现在读者面前。

（二）创设情境、依法初写

请同学们写写某次测试前或测试后，教室里的现状等。

92

微写1：［考试前］考试，我们要以正常心态对待，可是不管怎样，心里还是很紧张，上厕所的次数也多了。（感受之评："上厕所的次数也多了"是一个人在紧张时的正常反应）我还是有信心的，我会认真答题的，如果有个好成绩，我定会心花怒放、欢喜异常的（追写之评：对"测试"要有一个正确的认识。我会接着写"当然也不能骄傲自满，这只是对前阶段学习情况的检测，只能说明这个阶段的学习状况还行，下个阶段还要努力"）；如果成绩不理想，那可就遭罪了，不但老师批评，爸爸妈妈也会责怪，我自己心里也会很难受。（整体之评："检测"是个结果，"学习"是个过程，对这要有一个正确的认识，既不能沉醉在欢喜之中，也不能深陷悲伤之中，应继续努力奋斗，迎难而上）

微写2：［考试后］铃声响了，该交卷了。走出教室，听到同学们交谈，"快结束时，你应该把试卷稍稍往桌边放放，唉……""那道题怎样做？""我怎么都不会做，气死我了。""你不给我看看，真差劲，平日的感情都去哪儿了？切……"（人生观之评：平时交往所培养的情感，难道就是为了在考试的时候让朋友"帮助"的吗？这是对"情感"和"考试"认识的偏差，是人生观有问题）而我心想："所谓种瓜得瓜，种豆得豆，如果考得不好那也是我自食其果，早知今日，何必当初啊！"于是，我轻轻地走出楼道。试卷很快发下来了，拿到手一看，万箭穿心！那个错叉好似把锋利无比的钢刀，刺穿我的心脏，使我快要窒息了……（整体之评：通过行为动作等的细节描写，把"考试后"我的悲痛描述了出来，但未来是美好的，人生总不能都是"悲伤"与"痛苦"，应努力、阳光，迎接美好的未来）

（三）修改分享、微写升格

微写1：［考试前］考试，我们要以正常心态对待，可是不管怎样调整，心里还是很紧张，上厕所的次数也变多了。不过，我对自己还是有信心的，我会认真答题的，如果有个好成绩，我定会欣喜若狂的，当然也不能骄傲自满，这只是对前阶段学习情况的检测，只能说明这个阶段的学习状况还行，下个阶段还要努力；如果成绩不理想，我不会灰心、不会气馁，会把这当作衡量自己的标准，查找问题，分析原因，充满信心，查缺补漏，争取下次有进步。

微写2：［考试后］铃声响了，该交卷了。走出教室，听到同学们交谈："快结束时，你应该把试卷稍稍往桌边放放，唉……""那道题怎样做？""我怎么都不会做，气死我了！""你不给我看看，真差劲，平日的感情都去哪儿了？切……""开始胡说了，像你这种与我'三观'不合的人，不交往也罢。""我……刚才胡说了，请……谅解。"而我心想："所谓种瓜得瓜，种豆得豆，如果考得不好，那也是我自食其果，早知今日，何必当初啊！"于是，我轻轻地走出楼道。试卷很快发下来了，拿到手一看，万箭穿心！那个个错叉好似把把锋利无比钢刀，刺穿我的心脏，使我快要窒息了……我要很快从悲痛中走出来，要面带微笑，笑对生活，再去迎接下一次的挑战。

例文：多种描写、展现个性

例文1（初写文）：

我的同学

海原县第三中学　七年级（11）班　张浩洋

我的同学叫田华，是一个普通中学普通班级的普通女孩，她做事雷厉风行，喜欢帮助别人，当然周末也有赖床的毛病，可在我的眼里，她就是我的闺蜜。

（用词之评：我们知道，文章的开头是对全文内容的总起，起到总领全文的作用；如"雷厉风行"指的是像打雷那样猛烈，像刮风那样迅速，比喻执行命令等要求严、行动快。可从下文中，我们却看不出这方面的相关内容，应该换个词，如"准备充分"等）

起跑线上，她顺手把披散在肩上的略带灰色的金发，用皮筋紧紧扎起来，脑袋左右摆动摆动，又把头发紧了紧，那两只黑亮的眼睛闪烁着微波，眉宇紧锁着，深情地望着远方。她两手张开，身体微微前倾，挥动胳膊，仿佛插上了一双翅膀，欲飞到终点线……她做着起跑前的热身运动。（缘由之评：要指明为什么"在起跑线上"；段尾，应交代清楚"赛前热身"是取得胜利的保障。这样有"原因"，有"结果"，就做到了"善始善终"）

周末，补觉，赖在床上不起来。爸爸看见了，把我从床上拽起来，说："孩子，快起来，马上就要来客人了！""客人？是谁呀？"我奇怪地问。"你不知道，你姐姐要出嫁了，请媒人来吃顿饭。早市上，我已经买了一堆菜回来。"啊！瞧：绿油油的菠菜、鲜嫩的韭菜芽、小灯笼似的辣椒、胖嘟嘟的生姜、莲花般的蘑菇，还有鲜嫩的牛肉、肥胖的鸡肉，好丰盛。这时，妈妈从厨房里出来，一见我还穿着睡衣，就开腔了："哎呀，你怎么还穿着睡衣呢？快点换一下。"我边换衣服边批评妈妈："彩礼，不都说好了吗，日子也订了啊。"妈妈有点火了："你小孩子懂得还挺多的，快换衣服。"我只好作罢。（简洁之评：罗列较多，同类做到罗列一二，其他可以用"省略号"，作用是蔬菜类很丰富）

那是一个寒冷的冬日，刚下过雪，地面很滑。一位老大爷蹬着装满废弃物的三轮车，显得很吃力，时不时松开破旧的棉衣口，扇扇；有时停下车，手往嘴上一捂，哈上几口热气，搓搓手，又一鼓作气地向前骑。正可谓天不助人，没走几米，车轮又停下来了。我绕到车后，想搭把手。老大爷说："小朋友，不麻烦你了，我缓缓再骑。"（特征之评：从内容看，没有突显出"喜欢帮助别人"的这个特点，在段尾再补充，如"大爷，我帮您把车从这儿推上去吧。"这样就能把"喜欢帮助别人"的特点描写出来）

这就是我的闺蜜，一个令人欢喜而又给人力量的女孩。（结尾之评：这结尾，简短而有力，做得很好）

整体之评：文章运用"外貌描写""对话描写""动作描写"等从"赛前准备""周末赖床""帮助大爷"三个方面写出了田华这名普通的同学，表现了我对田华同学的喜欢，刻画了田华做事准备充分、乐于助人、赖床不起的形象。当然，在词语运用、语言简洁、段落安排等方面稍有欠缺。结尾简洁有力，做得很好。

例文2（升格文）：

我的同学

海原县第三中学　七年级（11）班　张浩洋

我的同学叫田华，是一个普通中学普通班级的普通女孩，她做事准备充分，喜欢帮助别人，当然周末也有赖床的毛病，可在我的眼里，她就是我的闺蜜。

全校运动会，作为田径运动员的她，次次比赛都是收获满满。看，起跑线上，她顺手把披散在肩上的略带灰色的金发，用皮筋紧紧扎起来，脑袋左右摆动摆动，又把头发紧了紧，那两只黑亮的眼睛闪烁着微波，眉宇紧锁着，深情地望着远方。她两手张开，身体微微前倾，挥动胳膊，仿佛插上了一双翅膀，欲飞到终点线……她做着起跑前的热身运动。她说这是赢得比赛的保障。

周末，补觉，赖在床上不起来。爸爸把她从床上拽起来，说："孩子，快起来，马上就要来客人了！""客人？是谁呀？"她很好奇。"你姐姐要出嫁了，请媒人来吃顿饭。早市上，我已经买了一堆菜回来。"啊！瞧：绿油油的菠菜、鲜嫩的韭菜……还有鲜美的牛肉、肥胖的鸡肉，好丰盛。这时，妈妈从厨房里出来，一见我还穿着睡衣，就开腔了："哎呀，你怎么还穿着睡衣呢，快点换一下。"她边换衣服边批评妈妈："彩礼，不都说好了吗，日子也订了啊。"妈妈有点火了："你小孩子懂得还挺多的，快换衣服。""嗯，我懂得可多了，姐姐要出嫁啦！"

寒冷的冬日，刚下过雪，地面很滑。一位老大爷蹬着装满废弃物的三轮车，显得很吃力，时不时松开破旧的棉衣口，扇扇；有时停下车，手往嘴上一捂，哈上几口热气，搓搓手，又一鼓作气地向前骑。没走几米，车轮又停下来了。田华绕到车后，搭手推车。老大爷说："小朋友，不麻烦你了，我缓缓再骑。""大爷，我帮您把车从这儿推上去。"说着就上前搭手，直到把车推到平缓的地方。

这就是我的闺蜜，一个令人欢喜而又给人力量的女孩。

[评读] 文章运用人物的多种描写，从三个方面刻画了田华做事准

备充分、乐于助人、赖床不起的形象，表现了我对她的热爱与喜欢之情。文章结构布局合理、语言简洁明了，所选事例典型，人物形象突出，结尾简洁有力，是一篇成功的写人记叙文。值得说明的是，例文就运用了几个"微写"内容，对它们进行合理的安排与组织，就能"组"成一篇优秀的文章。

例文3：

吾师杨晓武

海原县第三中学　七年级（8）班　田旭明

每每读到茨威格笔下的列夫·托尔斯泰时，我都会想起一脸络腮胡的数学老师——杨晓武。他阳光，有爱心，理解同学，是个帅气又不失严厉的人，同学们都喜欢他，私底下称他为"武哥"。

我曾经是一个对数学一窍不通的"无助者"，不想一直昏昏欲睡，浪费这美好年华，所以我努力着。有一天，我突然发现，有人默默地关注我、支持我，他就是"武哥"。按照他的方式，我课前认真预习，课上专心听讲，课后不懂的问题请教同学或老师。这样的努力得到了回报，第一次月考成绩出来了，我的数学考了"93分"，"武哥"表扬了我，我信心大增。

课堂上，班上"捣蛋鬼"乱使花招时，老师一般情况下都会使出秘密武器——"火眼金睛"，他用水晶球般大的眼睛直勾勾地盯着你，当你意识到并收回"七寸不烂之舌"投入学习时，这种带着责备的审视便"刀剑入鞘"，代之以柔和的目光与和蔼的笑容继续引导我们遨游数学知识海洋。你会发现，课堂上的一切都在他的视线控制范围内，只要顺应着他的思路行进，课堂学习就会既轻松又收获满满。

这不，课余，"武哥"站在乒乓球台前，那可是最帅的时候。看，他左手拿乒乓球，右手持球拍，左手轻抛乒乓球，等球下落的当儿，球拍紧贴着乒乓球稍微用力，乒乓球就顺势弹到了对方球台上，随着挡、铲、扣、劈、削，变换着不同的姿势，你来我往，一个球至少十几个来回。旁边的同学评论"精彩""过瘾"，此时的"武哥"是帅气的、阳光的。突然，对手一个猛扣，球直直飞到"武哥"的怀里，他防守不及，输掉一球。大家笑着提醒："'武哥'，一心不能二用噢！"……

多年后，我们都会长大，也都会走上各自的工作岗位，如果我们都能像"武哥"那样阳光，有爱心，理解同学，帅气做人，岂不更受人欢迎，生活岂不更有味道？

[评读] 文中介绍了一个"别样"的老师，他阳光，有爱心，兼顾个人，关照全体，把控课堂，让每名同学都投入学习中。同时喜欢运动的他在乒乓球台前的"挡、铲、扣、劈、削"又展示着帅气的一面，让人喜爱。作者通过三个片段，运用正侧结合、细节描写、对比等方法把"武哥"活灵活现地展现在读者面前。

例4（初写文）：

我的同学

海原县回民中学　七年级（3）班　李佳慧

他，一个充满笑点的男孩。他给我的第一印象是那么的深，有了他，班里变得更有气氛了，有了他，同学们的心情也舒适了……他既让人讨厌，又让人不舍。

他一双黑葡萄似的大眼睛显得炯炯有神，更有着一张能说会道的嘴巴。他的个子也很高，总是戴着一副眼镜，显得知识渊博，走起路来大摇大摆。平时看上去大大咧咧的，但是认真起来，每个人都会十分佩服的。

中午来教室以后，班里总是死气沉沉的，看着都不想上课。可是，只要"开心果"进来，他踏进的那一刻，嘴里哼着小曲，又笑又跳的。这种所谓的笑不是虚伪的，那是一种发自内心的笑，也是能够感染到别人的笑。同学们总会这样说："有了他，咱们班的气氛就活跃了。"

他要是说自己幽默，肯定没有谁敢争第一了。在一次综合实践课上，老师以《愚公移山》为素材，选取同学们演情景剧，他演的是愚公，可谓动作到位，神态逼真，语言幽默。他把台词做了调整，改得极有风趣，惹得同学们捧腹大笑，他却说：献丑了、献丑了。哈哈……说来也奇怪，一个能够活跃气氛的人，一个不怎么全神贯注听讲的人，知识可渊博了。

下课铃刚刚响毕，就听到他说："下课不积极，就是大傻瓜！"于是，他就像一颗子弹射出去。女同学玩耍时，他也会过来干扰，在旁边指手画脚，当同学逮他时，他已经不见了；与男同学玩时，他可机灵了，总是让自己最占优势，时不时地做出一些古怪的动作，自己也是笑不拢嘴。

有了调皮又乐观的他，班里不再是乏味的，课间不再是无趣的。一个活泼开朗、幼稚童真、幽默风趣的男孩形象总是在同学眼前回荡，给我们的生活带来了无限的快乐。

师：同学们我们来说说这篇文章的优点。

生1：文中介绍了一个喜欢搞笑、知识渊博、活泼好动的同学。

生2：文章结构布局合理，首尾呼应，中心突出。

生3：外貌较为鲜明。

生4：文章总体而言，结构布局合理，人物形象丰满。可我还想说说文章的不足。

师：嗯，同学们说到了文章的优点：结构布局合理，人物形象丰满，文章中心突出。可我们这位同学想说说不足，你来说说。

生4：文章的开头说"讨厌"，可在行文中看不出"讨厌"来；再者，从外貌来看是一张大众脸，"戴副眼镜"就能说是"知识渊博"吗？

生5：第三段中说他的笑，是"发自内心的笑"，没有描写出来，也就是怎样的笑才是"发自内心的笑"呢？

生6：同样的问题，他演"丞相"，把什么句子改动了，他是如何演得栩栩如生的呢？

师：好。现在我们来修改这篇文章，让"他"的个性更鲜明、形象更独特。那如何修改才能写出他的独特来呢？

生7：他的外貌可这样修改：

他有1.75米的个头，黑葡萄似的大眼睛显得炯炯有神，嗅觉灵敏的鼻子、能说会道的嘴巴，最突出的是他的下巴。随着大摇大摆的走姿，配合着滔滔不绝的言谈，微微颤抖的下巴，活像秋风中上下摆动的香水梨，惹人喜爱。

师：这样一改，就把"出众"的外表展现出来了，做得非常好。

生8：文章的开头这样写：

我的朋友，他叫张小虎。他没有明星般出众的外表，也没有莫言老师那样独特的文笔，也写不出庞中华那样潇洒的楷书，他就是他，一个普通班级的普通男孩。他善解人意、活泼好动、幽默风趣，活泼快乐地生活。

师：从"外表""文笔""书写"几个方面写出了一个独特立行的人物。

生9：第三段，这样修改，可以添加几种不同的声音，时快时慢，时急时促，犹如口技般，活跃气氛，突出形象。

生10：来一段激情舞蹈。

生11：一个人的小品。

师：通过不同的方式，让沉寂的氛围活跃起来，主意都不错。

生12：把愚公的"动作到位、神态逼真、语言幽默"，改成"愚公从幕后出来，只见他一手按着挺直的腰身，一手捋着长长的胡须，健步上台来。小孙子跑上前来说："爷爷，你明明腰身不好，为何还难为自己呢？""尕娃啊，今天有观众，不得精神一回嘛。"……

师：你做得很好。要把"动作到位、神态逼真、语言幽默"这些主谓短语表述得具体详细，必须进行具体可感的描写，这样才能更好地表现人物的形象。

生13：开头段中说"让人讨厌"，可是下文中看不到"讨厌"的表现，所以"讨厌"要么加上引号，要么就改成"可爱"，做到行文前后语意一致。

师：这就是我们经常说的思维逻辑规律：开头点题定位、中间承上详写、结尾照应深化，确保做到不离题、不偏题、不跑题。

生14：第五段，可以从不同的角度来刻画人物，如跳皮筋、打乒乓球、玩玻璃球等方面来表现他的活跃，他的可爱。

生15：这样一来，文章就有价值了，也精彩了。

100

例5（升格文）：

我的好朋友

海原县第二中学　七年级（15）班　陆晓辉

我的好朋友，他叫张小虎。他没有明星般出众的外表，也没有莫言老师那样独特的文笔，也写不出庞中华那样潇洒的楷书，他就是他，一个普通班级的普通男孩。他善解人意、活泼好动、幽默风趣，活泼快乐地生活。

他有1.75米的个头，黑葡萄似的大眼睛显得炯炯有神，有着嗅觉灵敏的鼻子，更有着一张能说会道的嘴巴，但最突出的是他的下巴。随着大摇大摆的走姿，配合着滔滔不绝的言谈、微微颤抖的下巴，他活像秋风中上下摆动的香水梨，惹人喜爱。

炎热的夏天，到处是一片炽热，教室里死气沉沉的。这时，哼着小曲的张小虎就会站在讲台上，爽朗地笑对大家说："今天，我新学了几种'声音'，演示给大家。"只听"叽叽喳喳"鸟叫声起，随即他双手捂嘴，"嗷呜……嗷呜……"似狼声由远而近，"扑沙沙、扑沙沙"的鸟飞声，"哒、哒、哒、哒哒哒……"动物奔跑声越来越急促、越来越紧张……此时大家来精神了。可是，他突然刹住了，笑道："下回再给大家好好表演吧。"

他幽默风趣。一次综合实践课上，老师以《愚公移山》为素材，选取同学们演情景剧，他演的是愚公。你看：愚公从幕后出来，只见他一手按着挺直的腰身，一手捋着长长的胡须，健步上台来。小孙子跑上前来说："爷爷，你明明腰身不好，为何还难为自己呢？""尕娃啊，今天有观众，不得精神一回嘛。"惹得大家哈哈大笑……

下课铃响毕，他声响起："下课不积极，变成大傻瓜！"一会儿他跑到玩皮筋同学旁边，冷不丁也跳几下，当"逮"他时，早没影了；一会儿窜到乒乓球台旁，指手画脚、大加评论，干扰输球方，让人心情越来越"糟糕"；他嚷嚷着与我们班跳绳王比赛，引来同学们围观，比赛开始了，他边跳边"嗖、嗖、嗖嗖"地叫着，期盼自己跳快点，可是没有跳几下就"夭折"了，"这次不算，重来！"

有了调皮又乐观的他，班里不再是乏味的，课间不再是无趣的。他就是这样一个活泼开朗、幼稚童真、幽默风趣的男孩。

凸显气质　展现精神
——写人的层级读写与例文

写人，我们从七年级上册第三单元的写作任务"写人要抓住特点"可知，写好一个人物，要细心观察，抓住特点，并进行具体描写，要抓住区别于他人的独特之处来写。"人""事"，"人事"，要把"人"放到具体的"事"中来写，才能把人写"活"。这儿所说的"活"，不仅仅是把人物放到事件中来写，还要写出人物的精神（思想、品格、气质、个性等）。写人物在外在表现（外貌、语言、动作等）的基础上，再有内在精神（思想、气质、品格等）的活化，就如同歌唱有伴奏、舞蹈有伴乐，锦上添花、点石成金一般，写出的人物定会给读者留下深刻的印象。

核心任务：写一篇运用多种角度表现不同人物的内在精神面貌的写人记叙文。

任务一：环境描写，烘托人物

环境描写是指对人物所处具体的社会环境和自然环境的描写。其中，社会环境是指能反映社会、时代特征的建筑、场所、陈设等景物以及民俗民风等。自然环境是指自然界的景物，如季节变化、风霜雨雪、山川湖海、森林原野等。

在写人记叙文中，运用环境描写可渲染气氛，烘托心情，展现人物丰富的内心世界，表现人物的内在精神，等等。

（一）经典回顾、方法指导

1. 青海、新疆，神秘的古罗布泊，马革裹尸的战场，不知道稼先有没有想起过我们在昆明时一起背诵的《吊古战场文》……

也不知道稼先在蓬断草枯的沙漠中埋葬同事、埋葬下属的时候是什么心情?

"粗估"参数的时候,要有物理直觉;昼夜不断地筹划计算时,要有数学见地;决定方案时,要有勇进的胆识和稳健的判断。可是理论是否准确永远是一个问题。不知稼先在关键性的方案上签字的时候,手有没有颤抖?

戈壁滩上常常风沙呼啸,气温往往在零下三十多摄氏度。核武器试验时大大小小突发的问题必层出不穷。稼先虽有"福将"之称,意外总是不能完全避免的。1982年,他做了核武器研究院院长以后,一次井下突然有一个信号测不到了,大家十分焦虑,人们劝他回去,他只说了一句话:"我不能走。"

——摘自《邓稼先》

[赏读] 文章一开始就把人物置身在"我国一百多年来的历史"这个广阔的历史背景当中,是为了说明邓稼先是在中华民族从"任人宰割"到"站起来了"这一巨大转变中做出巨大贡献的科学家,是对历史的发展产生巨大影响的历史人物,他的功绩是要在广阔的社会背景和历史背景中去衡量,才能显出其伟大之处。在"我不能走"中的一篇《吊古战场文》,把人物置身于戈壁滩这个恶劣的环境中,同样把读者也带到了神秘的戈壁荒滩;"在蓬断草枯的沙漠中""戈壁滩上常常风沙呼啸,气温往往在零下三十多摄氏度"极度恶劣的环境,"我不能走"是多么感人至深,极其恶劣的自然环境烘托出邓稼先不畏艰辛、不怕困难的内在精神品质。

2. 第一颗原子弹爆炸之后,1966年底的首次氢弹原理性试验是在高空,冲击波测量也在高空。仪器要在零下60摄氏度低温下工作,当时的实验条件还不具备。为了创造低温环境,他和同事们背着仪器,爬上海拔近3000米的山顶待了一宿。

冬天漠风凛冽,山顶更是冰封雪冻。夜晚刺骨的寒风像针一样往身体里扎,又在每个人的鼻尖、胡子、眉毛上结上一层白霜。手冻僵了,脚麻木了,身子不停哆嗦……可一看温度表,才零下20多摄氏度。

他们还抱怨:"这鬼天气,就不能再冷一点吗?"

103

——摘自余建斌《中国核专家林俊德：一辈子隐姓埋名坚守罗布泊》

［赏读］因为他们需要在零下六十摄氏度的环境下工作，在试验条件不具备的情况下，他们"为了创造低温环境"爬上"海拔近3000米的山顶"，创造性地工作，可是真正"待了一宿"后，环境也只有"零下20摄氏度"。面对"每个人的鼻尖、胡子、眉毛上结上一层白霜。手冻僵了，脚麻木了，身子不停哆嗦……"这样的现状，他们还发出这样的抱怨声："这鬼天气，就不能再冷一点吗？"可见他们为了科学试验将个人的生死安危都置之九霄云外，表现出了他们无私无畏的牺牲精神，以及科学至上的奉献精神。

（二）创设情境、依法初写

情景：也许闭上眼睛你都能想出好朋友的样貌，写出他的外在特征也不难，但你还能写出他的性格与气质吗？以"我的好朋友"或2019年的新冠肺炎疫情中，以"最美逆行者"为题，写一个150字左右的片段。

微写1：站在窗前，透过玻璃，无人的小区花园，显得空旷与清新。宅在家里已60多天了，烦躁、胸闷与不安占据整个心房，何时才是个头啊，何时才能回到学校？想想，平时不爱去学校，不爱打扫卫生，不爱背诵课文，不爱写作业，此时此刻，多想回到学校，多想扫扫地、擦擦玻璃，与同学们追逐打闹……这些最平常的事在今天变得多么奢侈啊！

［赏读］"显得空旷与清新"这样的环境，让待在家里的"我"烦躁、苦闷，就连最平常不过的事，在今天都变得这么奢侈，是新冠肺炎疫情改变了现状，改变了一切。"烦躁、胸闷与不安占据整个心房，何时才是个头啊"这样写，不是一个好兆头，满心的抱怨不利于新冠肺炎疫情防控，更不利于心身健康，应做调整。

微写2：秋天校园的树叶变黄了，也变得调皮了，时不时从树下读书的同学脸庞飘过，甚至还有几片停在了同学的头发上，让人忍俊不禁。树叶儿好像故意要与树下扫地的同学嬉戏，刚刚将地扫完，不一会儿又落满了树叶，它可真调皮呀！

［赏读］这是一个令人舒心、欢快的场景，此时心情是欢快的、开心的。

微写3：秋天的校园，树叶儿全变黄了，不断地飘落下来。校园道上满是枯叶残片，走在上面伴着吱吱的压碎声，使人心生凉意。一阵风吹过，地上的残叶随风飞舞，让人心眼迷离。一会儿，校园里又飘起了绵绵细雨，我心里不禁打了一个寒噤！

［赏读］这是荒凉的、令人心生凉意的校园，当然心情也是悲凉的、伤感的。

（三）修改分享、微写升格

微写1：站在窗前，透过玻璃，眼前的花园，别有一番滋味。中轴线沿曲线延展，亭台别致有序。深褐色的草坪，被苍劲的黑叶树包围着，他们像威武的士兵，三步一哨，五步一岗，守护着自己美丽的家园。无人的小区花园，显得空旷与清新。宅在家里已60多天了，每当烦躁、心闷与不安时，静立几分钟，心里瞬间融化、平静，心旷神怡。有个声音更坚定：走过去，生命像花儿一样开放；走下去，天上太阳正晴。

［赏读］"站在窗前，透过玻璃，眼前的花园，别有一番滋味。中轴线沿曲线延展，亭台别致有序。深褐色的草坪，被苍劲的黑叶树包围着，他们像威武的士兵，三步一哨，五步一岗，守护着自己美丽的家园。"这是一个平静而又充满生机的小区花园。这样的环境能让"烦躁""心闷""不安"变得"平静""心旷神怡"。这样的环境，配有这样的心情，能很好地调节心情，利于心身健康发展，带给读者的也是清新与舒畅。

微写2：秋天校园的树叶变黄了，也变得调皮了，时不时从树下读书的同学脸庞飘过，甚至还有几片停在了同学的头发上，让人忍俊不禁。树叶儿好像故意要与树下扫地的同学嬉戏，他们用扫帚刚刚扫几下，回过头一看，又落下了树叶，再扫，再落。干脆几个同学抱住树冠，使劲摇动，树叶飘落一大片，再扫，回头一看，又有落叶光顾……它可真调皮呀！

［赏读］这是一个令人舒心、欢快的场景。此片段不仅写出了秋天的树叶下落这个常态，就算摇一摇，还会下落。本来下落的树叶，对于扫地的同学而言，是很讨厌的，可是"它可真调皮呀！"不但不让人烦恼，反而增添了无限趣味。生活就像一面镜子，你快乐，它也快乐。

任务二：先叙后议，点明人物

先叙后议是夹叙夹议的一种表现形式。夹叙夹议则是一种写作方法，它要求在叙述某一件事的同时又对这件事进行分析、评论。这种方法的好处是：笔法灵活多变，生动活泼，还可以起到总起、提示、过渡和总结的作用。正是由于这种方法能够具体地记叙事件，充分地抒发情感，而且能直接揭示所写对象的意义，因此历来为人们所重视。夹叙夹议主要有三种表达形式，分别为先议后叙、先叙后议、边叙边议。

先议后叙（概括式）：这时的议论往往出现在文章的篇首，主要作用是提示和点题。

先叙后议（总结式）：这时的议论往往出现在文章或一段文字的结尾，其作用是总结全文（上文）、深化主题、画龙点睛、启迪思维等。

边叙边议（包容式）：边叙述事实，边进行议论，以发表对所叙事实的看法或观点。

（一）经典回顾、方法指导

1. ……他从唐诗下手，目不窥园，足不下楼，兀兀穷年，沥尽心血。杜甫晚年，疏懒得"一月不梳头"。闻先生也总是头发凌乱，他是无暇及此。……饭，几乎忘记了吃，他贪的是精神食粮：夜间睡得很少，为了研究，他惜寸阴、分阴。深宵灯火是他的伴侣，因它大开光明之路，"漂白了四壁"。

不动不响，无声无闻。一个又一个大的四方竹纸本子，写满了密密麻麻的小楷，如群蚁排衙。几年辛苦，凝结而成《唐诗杂论》的硕果。

他并没有先"说"，但他"做"了。做出了卓越的成绩。

"做"了，他自己也没有"说"。他又由唐诗转到楚辞。十年艰辛，一部《校补》赫然而出。别人在赞美，在惊叹，而闻一多先生个人呢，也没有"说"。他又向"古典新义"迈进了。他潜心贯注，心会神凝，成了"何妨一下楼"的主人。

做了再说，做了不说，这仅是闻一多先生的一个方面，——作为学者的方面。

——摘自《说和做——记闻一多先生言行片段》

[赏读] 文章选取闻一多先生研究《唐诗杂论》《楚辞校补》《古典新义》几本著作，表现了先生作为学者的事迹，事例典型，以少胜多，著作等身，这是闻一多先生严谨刻苦的治学态度，运用先叙后议（先叙述后发表观点）方式来点明人物精神。

2. 1944年10月12日，他给了我一封信，最后一行说："另函寄上油印物两张，代表我最近的工作之一，请传观。"

这是为争取民主，反对独裁，他起稿的一张政治传单！

在李公朴同志被害之后，警报迭起，形势紧张，明知凶多吉少，而闻先生大无畏地在群众大会上，大骂特务，慷慨淋漓，并指着这群败类说："你们站出来！你们站出来！

他"说"了，说得真痛快，动人心，鼓壮志，气冲斗牛，声震天地！

他"做"了，在情况紧急的生死关头，他走到游行示威队伍的前头，昂首挺胸，长须飘飘。他终于以宝贵的生命，实证了他的"言"和"行"。

闻一多先生，是卓越的学者，热情澎湃的优秀诗人，大勇的革命烈士。

——摘自《说和做——记闻一多先生言行片段》

[赏读] "起稿政治传单""群众大会演说""参加游行示威"三个典型事例，表现了闻一多先生无所畏惧的斗争精神、执着澎湃的爱国热情和言行一致的高贵品质。运用先叙后议（先叙述后发表观点）的方式来点明人物精神。

3. 闻一多是一位浪漫的诗人，他会把讲课变成一个充满诗意的过程，所以他把上午的课换到了晚上。七点多钟，电灯已经亮了，闻一多穿着深色长衫，抱着几年来钻研所得的大叠大叠的手稿抄本，昂然走进教室。学生们起立致敬又坐下之后，闻一多也坐下了；但并不马上开讲，却慢条斯理地掏出纸烟匣，打开来对着学生和蔼地一笑：哪位吸？学生们笑了，自然不会有谁真的接受这绅士风味的礼让。于是，闻一多自己点了一支，长长的吐出一口烟雾后，用非常舒缓的声腔念道：痛—饮—酒——，熟读——离骚——，方得为真——名——士！之后才开始讲课，有时讲得兴致盎然，闻一多会把时间延长下去，直到月光洒满校园的时候，才带着清凉的露水回到他的新南院住宅。

闻一多讲唐诗是联大叫座的课。他原来就是诗人，对唐诗的理解，其见解和感受有别于其他学者。闻一多最赞赏五言绝句，认为五言绝句是唐诗中的精品，二十个字就是二十个仙人，容不得一个滥竽充数。汪曾祺说：能够像闻一多先生那样讲唐诗的，并世无第二人。因为闻先生既是诗人，又是画家，而且对西方美术十分了解，因此能将诗与画联系起来讲解，给学生开辟了一个新境界。他讲唐诗，不蹈袭前人一语。将晚唐诗和后期印象派的画一起讲，特别讲到"点画派"。中国用比较文学的方法讲唐诗的，闻一多当为第一人。

——选自周简叔《闻一多在西南联大（节选）》

[**赏读**] 他的讲课充满诗情画意，为了让学生好好享受这个过程，他把"上午的课换到了晚上"；先生讲唐诗是"联大叫座"的，因为他也是"诗人"，对诗歌的"理解、其见解和感受有别于其他学者"。作为老师、学者，他严谨刻苦的治学态度让人钦佩。运用先议后叙（先发表个人观点后叙述）方式来点明人物精神。

（二）创设情境、依法初写

情景：也许闭上眼睛你都能想出好朋友的样貌，写出他的外在特征也不难，但你还能写出他的性格与气质吗？运用"先叙后议"的方式，以"我的好朋友"为题写一段话，并融入你的感情倾向，150字左右。

微写：看，小奇又在干什么！他积极收拾好课桌，一个劲地望着手腕上的表。（感受之评：他在盼望着下课，盼望着下课铃声响起；即将下课时，大多数同学的心态）而老师仍是口若悬河，滔滔不绝。（手法之评：他与老师之间形成鲜明的对比。此处的"口若悬河""滔滔不绝"暗指即便时间到了，铃声响了，没有老师的允许，也是不能下课的）我正疑惑不解地看着他，此时，"叮铃铃"，上午放学的铃声响了。只见小奇以迅雷不及掩耳之势冲出教室，站在了门外第一的位置上，并且还向教室回眸一笑，似乎在说："今天我第一喔！"（用词之评："迅雷不及掩耳之势""回眸"等词或短语，点明了"获得第一"

的快感，即便这个"第一"令人遭殃，也乐于去做，为下文被老师批评作铺垫）可老师还未宣布下课，大家目瞪口呆。老师也一脸蒙圈，三秒钟后怒气冲冲地把小奇喊回……他，就是这样一个令人"羡慕"的人。（手法之评："他，就是这样一个令人'羡慕'的人。"这句"我"对这个人物形象的评价不完整。应先有定论，再有情感，做到议论抒情相结合，效果才能更突出）

（三）修改分享、微写升格

微写：看那，小奇又在干什么！他积极收拾好课桌，一个劲地望着手腕上的表。而老师仍是口若悬河，滔滔不绝。我正疑惑不解地看着他，此时，"叮铃铃"，上午放学的铃声响了。只见小奇以迅雷不及掩耳之势冲出教室，站在了门外第一的位置上，并且还向教室回眸一笑，似乎在说："今天我第一喔！"可老师还未宣布下课，大家目瞪口呆。老师也一脸蒙圈，三秒钟后怒气冲冲地把小奇喊回……他，就是这样一个快乐、富有个性，又令人"羡慕"的人。

任务三：细节描写，丰富人物

细节描写就是运用细节对人物的细小动作、神情、心理的描写来丰富人物精神。写人要抓住人物的语言、动作、外貌、心理等特征，运用细节才能把人物写"活"。这就好比练武练好"童子功"，再运用细节就能达到"凌波微步"之妙、"九阳神功"之实。

（一）经典回顾、方法指导

1. 鲁迅先生的笑声是明朗的，是从心里的欢喜。若有人说了什么可笑的话，鲁迅先生笑得连烟卷都拿不住了，常常是笑得咳嗽起来。

[赏读] 寥寥几句，一个乐观爽朗、平易近人，真诚的鲁迅形象便跃然纸上，跟一些人心目中"多疑善怒""冷酷无情"的鲁迅形成了鲜明对照。

2. 以后，我们又做过韭菜合子，又做过荷叶饼，我一提议，鲁迅先生必然赞成，而我做得又不好，可是鲁迅先生还是在饭桌上举着筷子问许先生："我再吃几个吗？"

[赏读] 鲁迅先生虽然胃不好，但对萧红亲手做的饭，就算做得不好，鲁迅先生还是在桌上举着筷子问许先生："我再吃几个吗？"言辞间自然流露出对妻子的敬重与依赖，还有对小辈的体恤与鼓励。

3. 人家都起来了，鲁迅先生才睡下。

海婴从三楼下来了，背着书包，保姆送他到学校去，经过鲁迅先生的门前，保姆总是吩咐他说：

"轻一点走，轻一点走。"

——以上三例摘自《回忆鲁迅先生》

[赏读] 第一句话，采用了对比的写法，突出鲁迅先生忘我的工作习惯，话虽平淡，情感却十分深挚，一个"才"字透露了玄机。第二句话，主要是写保姆对海婴的吩咐，却也从侧面突出了鲁迅的人格魅力。海婴年幼，孩子蹦蹦跳跳是天性，但保姆总是要吩咐他"轻一点走"，因为怕吵醒了彻夜工作、刚刚才睡下的鲁迅先生。一个"总是"表现了这已经成为一种习惯，也是鲁迅长期不顾身体健康忘我工作的侧面表现。

4. 有一次，我从别处听来一点掌故，据说在北京的时候，有个并不太熟的青年，靴子破了，跑到鲁迅先生住着的绍兴县馆，光着脚往床上一趟，却让鲁迅先生提着靴子上街，给他去找人修补。他睡了一觉醒来，还埋怨补得太慢，劳他久等呢。

"有这回事吗？"我见面时问他。

"呃，有这回事，"鲁迅先生说。

"这是为的什么呢？"

"进化论嘛！"鲁迅先生微笑着说，"我懂得你的意思，你的舌头底下压着个结论：可怕的进化论思想。"

——摘自于唐弢《琐忆》（节选）

[赏读] "并不太熟的青年"跑到他（鲁迅先生）家，躺倒在床上，还让先生去修鞋，一觉醒来，还"埋怨补得太慢，劳他久等呢"。当着一个晚辈的面，还承认这件事的存在，这是因为鲁迅先生相信社会在进步，相信未来更美好，也是"俯首甘为孺子牛"最好的写证。

（二）创设情境、依法初写

情景：当下，面对新型冠状病毒感染疫情，出现了很多很多的逆行者，他们用自己的行动践行着中国人所肩负的责任。2020年1月25日，习近平总书记在主持召开中共中央政治局常委委员会会议时强调："疫情就是命令，防控就是责任。"请同学们运用细节描写来写写我眼中的"最美逆行者"，150字左右。

微写1：农历正月初七，是口罩包装工张秀敏的第7个加班日。本已回福州过年的她，1月26日被临时抽调回宁德上班。家人担心她的安全，孩子哭着不让她走，但她告诉孩子："妈妈去做一件伟大的事情，好让更多人能够更安全一些。"同样，47岁的曹银秀随时准备进驻医院参与清扫保洁工作。当环卫工12年，一直在清扫一线，当记者问她："你为何要进入医院呢？"她说："我们有一分力，就发一分光。"故事在延续……奔波在抗疫前线的女记者、坚持义务接送医务人员上下班的出租车司机、闭门谢客却专门为医院送餐的快餐店老板……

［品读］通过"口罩包装工张秀敏""环卫工曹银秀""女记者""出租车司机""快餐店老板"等典型细节来表现在疫情防控期间的"逆行者"的"平凡而又普通，坚强而又伟大"的奉献精神。结尾处用一句话总结概括他们的品质，从片段布局而言就更完善，这也是"先叙后议"手法的活学活用、多种手法的融合使用，因为我们知道：一篇成功的文章定会有很有美点、亮点的。

微写2：2月15日一大早，老家菜民李彦耀叔叔把自家温棚里新鲜的萝卜、白菜、黄瓜等送到海原县城各个小区疫情防控点，这样就解决了大家居家隔离期间的蔬菜供应难题。

［品读］菜民李彦耀送"新鲜的萝卜、白菜、黄瓜等到海原县城各个小区疫情防控点"，应该是"各个小区蔬菜购买点"，这样的细节描写，一方面解决了自家新鲜蔬菜的销售问题，另一方面解决了"大家居家隔离期间的蔬菜供应难题"，一举两得。

（三）修改分享、微写升格

微写1：农历正月初七，是口罩包装工张秀敏的第7个加班日。本已回福州过年的她，1月26日被临时抽调回宁德上班。家人担心她的安全，孩子哭着不让她走，但她告诉孩子："妈妈去做一件伟大的事情，好让更多人能够更安全一些。"同样，47岁的曹银秀随时准备进驻医院参与清扫保洁工作。当环卫工12年，一直在清扫一线，当记者问她："你为何要进入医院呢？"她说："我们有一分力，就发一分光。"故事在延续……奔波在抗疫前线的女记者、坚持义务接送医务人员上下班的出租车司机、闭门谢客却专门为医院送餐的快餐店老板……疫情面前，千千万万的中国人，凝聚成一股强大的力量，这些人平凡而又普通，坚强而又伟大。

微写2：2月15日一大早，老家菜民李彦耀叔叔从自家的温棚里采摘新鲜的胡萝卜、鲜嫩的大白菜、绿油油的嫩黄瓜等，清洗干净，分装打包，还在每份包装袋上标明斤数和价钱，送到海原县城各个疫情防控点内的蔬菜供应点。这样一来，既打开了自家新鲜蔬菜的销路，也解决了居家隔离期间人们购买蔬菜的难题。

任务四：正侧结合，彰显人物

人物的描写可分正面和侧面，或者说是直接描写和间接描写。正面（直接）描写主要是人物的外貌、语言、动作等，对其性格或特点进行的直接表现；侧面（间接）描写是通过对周围人或所处环境的描绘来表现所要描写的人物，使其形象鲜明突出。一般情况下，刻画人物形象多采用正面描写，但有时也可借助侧面描写，正侧结合，正面为主，侧面烘托，这样可使所写人物形象更具体、更到位，更好地彰显人物精神。

（一）经典回顾、方法指导

1. 初，权谓吕蒙曰："卿今当涂掌事，不可不学！"蒙辞以军中多务。权曰："孤岂欲卿治经为博士邪！但当涉猎，见往事耳。卿言多务，孰若孤？孤常读书，自以为大有所益。"蒙乃始就学。及鲁肃过寻阳，与蒙论议，大惊曰："卿今者才略，非复吴下阿蒙！"蒙曰："士别三日，即更刮目相待，大兄何见事之晚乎！"肃遂拜蒙母，结友而别。

——摘自《孙权劝学》

[赏读] 题目中的"劝"，是"孙权"劝"吕蒙"，可见表现的主要人物是孙权。文章从正面描写（语言描写）起始，详写"劝学"，而对吕蒙的学习情况，仅用"蒙乃始就学"一笔带过；接着写鲁肃与吕蒙的谈话以及"遂拜蒙母，结友而别"，描写出鲁肃话语的惊叹，其作用是表现孙权劝学所收到的效果，这是侧面描写。通过正面与侧面相结合表现出孙权的善劝、吕蒙的就学，由此造就了江东名将吕蒙的辉煌人生。

2. 初，魏公操遣庐江太守朱光屯①皖，大开稻田。吕蒙言于孙权曰："皖田肥美，若一收孰，彼众必增；宜②早除之。"闰月，权亲攻皖城。诸将欲作土山，添攻具，吕蒙曰："治攻具及土山，必历日乃成；城备既③修，外救必至，不可图也。且④吾乘雨水以入，若留经日，水必向尽，还道艰难，蒙窃⑤危之。今观此城，不能甚固⑥，以三军锐气，四面并攻，不移时可拨⑦；及水以归，全胜之道也。"权从之。蒙荐甘宁为升城督，宁手持练⑧，身缘⑨城，为士卒先；蒙以精锐继之，手执枹鼓⑩，士卒皆腾踊。侵晨进攻，食时破之，获朱光及男女数万口。既而张辽至夹石，闻城已拨，乃退。权拜吕蒙为庐江太守，还屯寻阳。

——摘自《资治通鉴》中《吕蒙破皖城》

①屯：屯兵、驻扎；②宜：应该；③既：已经；④且：况且；⑤窃：私下、私自；⑥固：坚固；⑦拨：攻下、攻取；⑧练：白色熟绢；⑨缘：攀缘；⑩枹（fú）鼓：谓以槌（chuí）击鼓。枹，同"桴"，鼓槌。

[赏读] 吕蒙建议孙权在稻熟收获之际除去曹将朱光，夺取皖城，孙权采纳其建议，亲自带兵攻打。当将领们计划推土山架设备时，他又说："制造攻城设备和堆土成山，须多日才能完工。到那时，敌人城防已经巩固，援兵必定到来，我们将不能夺得皖城；况且我军趁雨多水大而来，如果旷日久留，大水必定渐渐退走，我们回兵的道路会遇到困难，我以为那是很危险的。现在看来，此城不会十分坚固，我三军士气高昂，四面齐攻，很快就可攻克，然后趁大水未退而回军，这才是大获全胜的策略。"孙权采纳了这一建议，大兵出击，俘获"朱光以及城中男女数万人"。吕蒙正因为有才能，才被孙权任命为"庐江太守"，孙权自己退回寻阳。此文既有正面吕蒙与孙权的对话描写，也有侧面的推

第三章 指向表达中心的层级读写教学策略

土山架设备、俘获朱光以及城中男女数万人的描写，把吕蒙善抓时机、审时度势、雷厉风行的形象淋漓尽致地表现了出来。

3. 忽一人大呼"火起"，夫起大呼，妇亦起大呼。两儿齐哭。俄而百千人大呼，百千儿哭，百千犬吠。中间力拉崩倒之声，大爆声，呼呼风声，百千齐作，又夹百千求救声，曳屋许许声，抢夺声，泼水声。凡所应有，无所不有……于是宾客无不变色离席，奋袖出臂，两股战战，几欲先走。

——摘自林嗣环《口技》

［赏读］火起群乱——这部分先写"火起"，再写"百千齐作"，最后发展到失火中的声响"凡所应有，无所不有"。火场的声音由简转繁，由小而大，由疏而密，极力渲染出火场的紧张气氛。作者觉得这些还不足以表现场面的紧张、凶险、可怕，不能充分地反映口技表演者高超的技艺，转而从侧面写宾客的反应，写宾客惊慌欲逃的神态、动作，说明口技表演已经达到以假乱真的绝妙境界，使听众仿佛置身于火场，完全进入了口技表演所营造的生活情景之中而不能自持，这一系列描写从正侧结合的角度很好地展现出口技表演者高超的技艺。

（二）创设情境、依法初写

情景：人物的鲜明个性，可运用正面描写和侧面烘托的方法来表现。请同学们使用这种方法，写写"我的好朋友"的人物形象，150字左右。

微写：眼看终场哨声即将响起，场边的啦啦队员们再也坐不住了，都扯着嗓子喊着，跳着，为场上队员助威。突然，赛场上出人意料的一幕出现了：一个不高的身影带着球正在一步步逼近对方球门。他们眼看这位球员带球来到"城门"下，两人才如梦初醒，此时亦已慌了神，后卫立刻上前拦截。只见这位队员左躲右闪，顺利摆脱了两人的阻截，直接面对守门员。他抬脚一个大力抽射。足球如同一枚出膛的炮弹，"嗖——"飞向球门。只听"嘣——"一声，足球划过一道绚丽的弧线，直挂球门死角。"哦！球进了！我们赢了！"不知是谁，打破了这般宁静，足球场上立刻传出一阵高过一阵的欢呼声。

［评读］这个片段采用正面和侧面相结合的手法来表现球员高超的球技。球员"左躲右闪""抬脚""抽射"等动作的刻画直接从正面表现了球员高超的球技；此外，作者还写了啦啦队的呐喊助威，写了踢出去的足球"如同一枚出膛的炮弹"，以及射门时啦啦队员们"一阵高过一阵的欢呼声"，这些描写从侧面衬托了球员球技的高超，凸显了文章的中心。

（三）修改分享、微写升格

微写：眼看终场哨声即将响起，场边的啦啦队员们再也坐不住了，都扯着嗓子喊着，跳着，为场上队员助阵。突然，赛场上出人意料的一幕出现了：一个不高的身影带着球正在一步步逼近对方球门。再看对方，只有两个后卫负责防守，他们眼看这位球员带球来到"城门"下，两人才如梦初醒，此时亦已慌了神，立刻上前拦截。只见这位队员左躲右闪，一个假动作，虚晃一枪，顺利摆脱了两人的阻截，直接面对守门员。他绝对不会让这种千载难逢的机会从身边溜走，抬脚一个大力抽射。足球如同一枚出膛的炮弹，"嗖——"地直飞向球门。刚才还人声鼎沸的操场瞬间安静了下来，空气仿佛凝固了一般，啦啦队员们都屏住了呼吸，瞪圆了眼睛。只听"嘣——"的一声，足球划过一道绚丽的弧线，直挂球门死角。"哦！球进了！我们赢了！"不知是谁，打破了这般宁静，足球场上立刻传出一阵高过一阵的欢呼声。

例文：凸显气质、展现精神

凸显气质、展现精神的结构布局如图3-2所示。

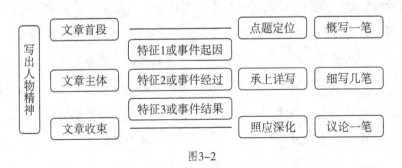

图3-2

例文1：

我的好朋友

海原县第三中学　七年级（6）班　包世龙

　　我的好朋友——小奇，胖墩墩的身材，胖乎乎的圆脸上镶嵌着葡萄般的眼睛，乌溜溜、亮晶晶，笑起来超级可爱，给人的感觉活像胖猴子。（外貌之评："胖身体""胖圆脸""胖猴子"紧扣"胖"字，写出他与众不同的外貌特征，他的内在精神呢？接着看吧）他，没有英俊潇洒的颜值，也没有感人至深的事迹，可他却始终是班上的焦点人物。（体验之评：平时写文章总想着用一些好词好句，可都不理想。小作者运用对比手法，表现了一个普通班级里的普通学生，写出来的效果很明显，写得不错）有了他，班上总是欢乐不断。

　　看，在上午第三节体育课上，大家正做着准备活动。当做到膝关节动作时，不知是谁喊了一句："看啊，快看小奇！"紧接着就是一阵狂笑。我循声望去，只见小奇微闭双眼，眉头上扬，臀部翘起，肆意妖娆地扭动并不十分纤细的腰。（动作描写之评：运用"微闭""上扬""翘起""扭动"一系列动作，把一个可爱的、欢心的"胖猴子"淋漓尽致地刻画出来了）扭到忘情时，他嘴里哼起了自传曲："我是泰山猴，泰山是我家，嗷嗷嗷……"（语言描写之评：话语虽简单，可形象逼真，处处紧扣"胖猴子"的特点）大家更是捧腹大笑。

　　看，小奇又在干什么！他积极收拾好课桌，一个劲地望着手腕上的表。而老师仍是口若悬河，滔滔不绝。（写法之评：运用对比手法，写出了小齐收拾课桌，期盼下课，而老师讲课还在延续……）我正疑惑不解地看着他，此时，"叮铃铃"，上午放学的铃声响了。只见小奇以迅雷不及掩耳之势冲出教室，站在了门外第一的位置上，并且还向教室回眸一笑，似乎在说："今天我第一喔！"可老师还未宣布下课，大家目瞪口呆。老师也一脸蒙圈，三秒钟后怒气冲冲地把小奇喊回……（标点之评：此处运用"省略号"，看似把小奇挨老师批判的内容给删掉了，实质是小作者对事例剪裁的原因，事情叙述到这个地方就已经把小奇的古灵精怪、幼稚童真表现出来了，就再没有必要叙述小奇挨老师批评的事情，用省略号是最佳选择。点赞！）事后，同学们都调侃地说："那速度放在百米赛跑上绝对能拿第一！"（感受之评：小奇是古灵精怪，当然同学们不是"落井下石"，而是顺水推舟，这也是他成为班上"焦点"人物的原因。哈哈……）

下课铃声刚刚结束，小奇就像一股风来到课间活动点。他站在玩皮筋同学们的旁边，指手画脚，时不时跳两下，干扰、添堵，当要逮住他时，他早就不见了；老鹰捉小鸡游戏，他跑到队伍最前面，喧宾夺主；老师组织同学们跳沙坑比赛，他可来劲了，第一个来，刚跑两步，突然摔倒，可把大家吓坏了。在众人的叫喊声中他笑着"醒"来了……（技法之评："课间有我绝不冷清"这个特征板块，小作者通过"跳皮筋干扰添堵""游戏喧宾夺主""跳沙坑假装晕倒"三个细节描写把小奇这个活泼、开朗、稚气的胖男孩活灵活现地展现在读者面前）

这就是我的好朋友小奇、我的好玩伴，一个活泼开朗、幼稚童真的胖男孩。希望我们的友谊地久天长、永驻心间。（结尾之评：总结全文，概括人物形象；照应开头，再次点"胖"，深化主题）

[评读] 文章运用总分总的结构形式。总说朋友的"普通"，为下文的"不普通"做铺垫。主体部分运用三个典型事例"歌王舞王舍我其谁""百米赛跑我拿第一""课间有我绝不冷清"，把这个普通的胖男孩为何是"班上的焦点人物"的原因写出来了。文章结尾总结，先说"我们"的关系，这与开头相照应；再总括小奇是"活泼开朗、幼稚童真的胖男孩"，这是人物的内在精神，有了这样的同学、这样的朋友，生活能不欢快吗？表现出了"我"对小奇的欢喜与热爱之情，与这样的同学做朋友，愿"友谊地久天长、永驻心间"也就顺理成章，水到渠成。

例文2：

我的好朋友——爸爸

海原县回民中学 七年级（2）班 杨月

爸爸，不仅是我的父亲，也是我的好朋友。在我的记忆中，父亲是多么亲切而又富有安全感的字眼啊！黝黑的脸庞又一次出现，充满希望的眼神又一次浮现……

幸福的花儿开放着，快乐的小鸟歌唱着。我和爸爸去亲戚家串门，坐公交车返回的途中，兴奋的我心里哼着小调，唱着小曲。就在这时，有人念叨："怎么车尾直冒浓烟呢？"大家都顺着他的目光向外望，司机叔叔也注意到了，急忙停下车。有人惊叫：车要爆炸。顿时，车内慌乱起来了。

突然间，车门打不开，车上的人下不来。大家更乱了，你推我我推你，全涌向车门。车所停的地方，前不着村后不着店，一边是大山，另一边是深沟。由于大家的推挤，我与爸爸分开了，不知怎么，我被踩到众人脚底下，失去了知觉……迷迷糊糊，我睁开了眼，发现我躺在爸爸的怀里。大家看我睁开了眼，脸上露出了幸福的微笑，并对我说："今天多亏了你父亲！"朝着爸爸竖起大拇指。

一股热泪从爸爸的眼眶流了出来，"你可把我吓坏了！"爸爸顾不上自己流血的手，急忙擦拭着我脸颊的伤痕，一种刀割的疼痛直插心房，不由得我颤抖起来。爸爸急忙收手，并安慰我说没事。此时，我知道，爸爸的心比我更痛。从爸爸的叙述中，我知道了是爸爸和司机叔叔让大家镇定下来，齐心协力把车门推开，撤离到安全地带。我想：如果当时车爆炸了，我又被大家踩到了脚下找不到，这不就是一场生死离别的场面吗？……在去医院的途中，我在爸爸的怀里睡着了。

爸爸，您不仅是我的朋友，更是我的保护神、我心中的太阳。如果说母亲是一条河，缠缠绵绵，那么，父亲就是一座山，巍峨挺拔。

[评读]文章既有正面描写（语言、动作、心理等），也有侧面描写（众人对父亲的评价），同时运用了对比手法，写了我们串门返回时，公交车尾冒烟，爸爸协助司机师傅疏散众人，送我去医院途中我熟睡爸爸怀中的故事。表现出了爸爸临危不乱，镇定自若，富有社会责任心、爱心的人物形象，也表现了"我"对父亲的热爱与崇拜。这既是爸爸对我的关爱，也是优良家风的演绎与传承。

亲身体会　学会记事

——写事的层级读写与例文

核心任务：写一篇讲述家庭亲情或个人学习成长的故事来表达亲人真挚情感或个人努力奋斗的写事记叙文。

记叙文是以写人物的经历和事情发展变化为主要内容，以叙述为主要表达方式的一种文体。写事记叙文要交代清楚六要素（时间、地点、人物、事情起因、经过、结果），写作过程中讲清楚一件事的六要素，是最基本的叙事要求。写事记叙文的写作技巧或策略有很多，如叙事详略、叙述波澜、以小见大、以物喻人等。我们以统编版教材七年级上册第二单元写作任务"学会记事"为例，说说写事记叙文。

核心任务：写一篇讲述童年或家庭故事表达对童年生活的怀念或对亲人真挚情感的写事记叙文。

任务一：亲身经历、真实写事

新课标要求：写作要有真情实感，力求表达自己对自然、社会、人生的感悟、体验与思考。所表达的意思是写自然、社会、人生、生活的方方面面的经历带给我们的感受、体验和思考，只有当写自己的生活时，真实的感受才能呈现出来，才能把记忆中的"标记""印痕"勇敢地表达出来，这就是亲身经历，真实写事。

生活与写作的关系，正如"问渠那得清如许，为有源头活水来"。让我们的生活成为写作源远流长的"活水源泉"，来描述属于我们自己的"快乐幸福屋"。

（一）经典回顾、方法指导

1. 双腿瘫痪后，我的脾气变得暴怒无常。望着望着天上北归的雁阵，我会突然把面前的玻璃砸碎；听着听着李谷一甜美的歌声，我会猛地把手边的东西摔向四周的墙壁。母亲就悄悄地躲出去，在我看不见的地方偷偷地听着我的动静。当一切恢复沉寂，她又悄悄地进来，眼边儿红红的，看着我。"听说北海的花儿都开了，我推着你去走走。"她总是这么说。母亲喜欢花，可自从我的腿瘫痪后，她侍养的那些花都死了。"不，我不去！"我狠命地捶打这两条可恨的腿，喊着："我可活什么劲儿！"母亲扑过来抓住我的手，忍住哭声说："咱娘儿俩在一块儿，好好儿活，好好儿活……"

可我却一直都不知道，她的病已经到了那步田地。后来妹妹告诉我，她常常肝疼得整宿整宿翻来覆去地睡不了觉。

——摘自《秋天的怀念》

[赏读]"望着望着（砸碎玻璃）""听着听着（摔坏东西）""狠命地捶（可恨的腿）"等我不正常的表现带给母亲的反应是"躲出（悄悄地）""听着（偷偷地）""看着（眼边红红的）""抓住（扑过来）""活着（好好地）"，表现了我堕落、发狂、无理和放纵的疯，而母亲坚忍、理解、宽容和无私的爱，"疯"与"爱"表现出了极大的反差。运用对话、动作等描写，通过细节表现出孩子的可怜、母亲的博爱。

2. 曾有过好多回，我在这园子里待得太久了，母亲就来找我。她来找我又不想让我发觉，只要见我还好好地在这园子里，她就悄悄转身回去，我看见过几次她的背影。我也看见过几回她四处张望的情景，她视力不好，端着眼镜像在寻找海上的一条船，她没看见我时我已经看见她了，待我看见她也看见我了我就不去看她，过一会儿我再抬头看她就又看见她缓缓离去的背影。我更是无法知道有多少回她没有找到我。有一回我坐在矮树丛中，树丛很密，我看见她没有找到我；她一个人在园子里走，走过我的身旁，走过我经常待的一些地方，步履茫然又急迫。我不知道她已经找了多久还要找多久，我不知道为什么我决意不喊她——但这绝不是小时候的捉迷藏，这也许是出于长大了的男孩子的倔强或羞涩？但这倔只留给我痛悔，丝毫也没有骄傲。我真想告诫所有长大了的男孩子，千万不要跟母亲来这套倔强，羞涩就更不必，我已经懂了，可我已经来不及了。

——摘自史铁生《我与地坛（节选）》

[**赏读**]园子里，母亲"找"我：发现我"好好地……"，她就悄悄地转身回去；视力不好的她端着眼镜找，等找到了就缓缓地离去；步履茫然与急迫地找寻……一幕幕、一次次清晰地留存在我的记忆深处。通过多种角度来表现这种"倔强""羞涩"留给我的是"痛悔"，不会增添"骄傲"，当读懂这种"懂了"的时候，已经"来不及"了。作者告诉我们"且行且珍惜"，晚了，将后悔终生。亲身经历，感触多多。

"亲身经历、真实写事"中的"真实"，其实有"生活的真实"和"艺术的真实"之分。二者都是建立在生活经验基础上的。"生活的真实"是指客观世界中已经发生，不以人的主观意志为转移的客观存在的生活事实，无法加工，确保原态、纯粹情感，原汁原味。这种以生活原貌为唯一表现形式的真实，其实同生活一样是无限广阔。无限丰富的。也正是由于生活真实的这一特性，它才为艺术的创作、"艺术的真实"提供了取之不尽的源泉，成为艺术真实的坚实基础。"艺术的真实"指在创作中必须从真实的生活中进行构想，但不可脱离真实，是主观见之于客观、忠实于生活、反映社会生活本质规律和现象的精神文化产品。

在艺术创作过程中，为了更好地反映社会生活的某一方面的本质和精神，作者会有意识地运用一些技巧，处理一些情节，处理一些事实，使其符合作者的写作预期要求。这样一来，作品本身就打上了作者的主观烙印，但其本质依然反映人类社会本质。由于艺术创作的审美需求，需要使其在把握客观世界的基础上，以能够激发人们的审美需求为目的而进行艺术性的改造，从而得到理想的表现，产生强烈的感染力和震撼力。这便是艺术真实性的诗意性体现，如史铁生的《秋天的怀念》《我与地坛（节选）》等。

（二）创设情境、依法初写

情景：童年是美好的、快乐的、开心的。请同学们以"童年往事"为话题，写写童年的记忆。

微写1：我看事情毫无破绽，就当没有事情发生一样，接着玩去了。（体验之评：事情已经发生，伪装得"毫无破绽"当然不能说"没有"发生，应该是"我做好伪装，心中总是七上八下的"。这样修改可为下

121

文内容做好铺垫）晚上，妈妈下班回来，到洗手间去洗脸，当把我捣鼓成一团乱的"洗面奶"挤到手里，结果"洗面奶"却成了一摊水，妈妈见不对劲，于是拿着"洗面奶"开始质问我们姐弟几个。（感受之评：妈妈走进洗手间，"我"没有跟随其后，那是怎么"看到"妈妈一系列行为的呢？没有"亲身经历"，没有"亲眼所见"，如何才能达到写作的"真实"呢？）"犯罪嫌疑人"的我心里紧张极了，不知如何是好，最终我的表现还是逃不过妈妈的火眼金睛，妈妈责问我为什么要这样做，我把事情原委告诉了妈妈，妈妈哭笑不得。（细节之评："事情原委"是什么，此处应说具体、说清楚）

微写2：来到小河边，我们开始逮蝌蚪。（段首之评：交代故事发生的地点）机灵的蝌蚪，可不是缓慢的蜗牛，不容易抓住，我们半天还没有抓住一只。（手法之评："蝌蚪"与"蜗牛"对比，说明蝌蚪的移动速度快，也暗指逮蝌蚪不是一件容易的事）同行的好朋友明明抓到好几只，他是如何做的呢？（疑问之评：好朋友抓了好几只，自己还没有收获，开始发问，这是思考，这是解决一切问题的起点，写得很好）原来，在不惊动蝌蚪的前提下，距离蝌蚪还有20厘米的地方，把瓶子放入水中，瓶口对准蝌蚪顺游的方向，静静地等待着，蝌蚪动起来了，向瓶口游来了，他顺着蝌蚪游来的方向顺势一提，蝌蚪就装进瓶子里了。（策略之评："放入""等待""顺势"等一系列的动作，讲明了逮蝌蚪的具体做法。这种做法是最快捷，也是最有效的方法）我学着他的样子，不一会儿也逮住了好几条。原来逮蝌蚪也有学问啊！（整体之评：先说"困难"，再找寻解决问题的"办法"，最后解决"问题"，收获幸福。这是常理，也是解决问题的思路）

（三）修改分享、微写升格

微写1：夜幕降临了，妈妈回来了，我紧张极了，害怕妈妈发现后揍我一顿。妈妈走进了洗手间，我也紧跟着妈妈的脚步站在洗手间门口，只见妈妈拿起洗面奶瓶，摇摇，满脸疑惑。糟糕，我这才想起牛奶倒多了。妈妈看着手心中液体状的"洗面奶"，质问我："这是怎么回事？"这下，见秘密藏不住了，先下手为强，我大哭起来，吞吞吐吐地向妈妈讲述了我吞吃洗面奶的"历险"过程。此时妈妈转阴为晴，笑着对我说："你这傻孩子，怎么能吃洗面奶呢？以后别做傻事了！"就这样，我忐忑不安的心终于放下了。这件事也让我明白，做任何事情都应该想清楚、搞明白，否则会很痛苦，会很悲惨的。

微写2：闲来无事，和小伙伴来到小河边逮蝌蚪。机灵的蝌蚪可不是缓慢的蜗牛，不容易抓住，我半天也没有抓住一只。同行的好朋友可是抓到了好几只，他是如何做到的呢？原来，在不惊动蝌蚪的前提下，距离蝌蚪还有20厘米的地方，把瓶子放入水中，瓶口对准蝌蚪顺游的方向，静静地等待着，蝌蚪动起来了，向瓶口游来了。他顺着蝌蚪游来的方向顺势一提，蝌蚪就装进瓶子里了。我学着他的样子，不一会儿就逮住了好几条。原来逮蝌蚪也有学问啊！

任务二：以小见大、真情叙事

以小见大，是通过选取小题材、小事件等来表现重大主题的写作方法。它的特征是小处落笔，大处着眼，深入挖掘，内容广阔，情感强烈，思想深远。写事记叙文要做到真情叙事、真情话事；其中，选材是关键，在小事件、小题材中表现浓浓的情感，这样的叙事会更有感染力、表现力。

（一）经典回顾、方法指导

后来发生了分歧：我的母亲要走大路，大路平顺；我的儿子要走小路，小路有意思……不过，一切都取决于我。我的母亲老了，她早已习惯听从她强壮的儿子；我的儿子还小，他还习惯听从他高大的父亲；妻子呢，在外面，她总是听我的。一霎时，我感到了责任的重大，就像领袖人物在严重关头时那样。我想找一个两全的办法，找不出；我想拆散一家人，分成两路，各得其所，终不愿意。我决定委屈儿子，因为我伴同他的时日还长，我伴同母亲的时日已短。我说："走大路。"

但是母亲摸摸孙儿的小脑瓜，变了主意："还是走小路吧。"她的眼睛顺小路望过去：那里有金色的菜花、两行整齐的桑树，尽头一口水波粼粼的鱼塘。"我走不过去的地方，你就背着我。"母亲说。

这样，我们在阳光下，向着那菜花、桑树和鱼塘走去了。到了一处，我蹲下来，背起了我的母亲，妻子也蹲下来，背起了我们的儿子。我的母亲虽然高大，然而很瘦，自然不算重；儿子虽然很胖，毕竟幼小，自然也很轻。但我和妻子都是慢慢地，稳稳地，走得很仔细，好像我背上的同她背上的加起来，就是整个世界。

——摘自《散步》

[赏读]"孝子""慈母"，坚定的决策、真诚的疼爱，使分歧化解。眼前，菜花金色、桑树整齐、鱼塘粼粼，"我"背着母亲，妻子背着儿子，走向菜花深处……这种良性的因果循环，"孝"文化的传承正反映了古朴的尊老爱幼的伦理道德之美。中年人上有老下有小，既要赡养老人，又要抚育孩子，肩负承前启后的责任，体现"我"对生活的责任与使命，字里行间流露着对生命的珍爱、对生活的热爱，生命犹如火炬，代代传递。运用这种"以小见大"的手法，从小事中抒发情感，从点滴中发人深思。

"以小见大"，如何选择"小"，怎样突出"大"？

我们知道，写作素材不等于题材。生活中有很多"小人物""小事件""小细节"，随手一捏，不可全都成文，要进行裁剪、取舍等。我们应该用审视的眼光，找寻典型"小"，摹画"小"，通过"见"这条"快车道（立交到高架）"、这支"推进剂（内容推向主旨）"做到：在表达上，用抒情议论展现"小"想法、"小"感受；在句式上，用气势旺盛的修辞句或感情浓厚的长短句，彰显"小"中蕴含的广博；在结构上，篇首，点题定位，篇中，承上详写，篇末，照应深化。

（二）创设情境、依法初写

情景：快乐的家庭有着别样的快乐，幸福的家庭都有同样的幸福。请同学们写一个家庭生活片段，以日常小细节、小场景、微镜头展示自己对家庭生活的感受和体验。

微写1：自从搬进新院子，我常常念叨老院子。妈妈取笑说："你哪是怀旧，分明是惦记那树桃子！"（暗示之评：通过妈妈的语言描写，一针见血地揭示了"我"心中的真想法）老院子有一棵桃树，春风

124

飘来，娇艳的桃花迎风招展。（环境之评："春风飘来""迎风招展"这是个舒适的环境，是个灿烂的环境，也预示着会有个好未来）盛夏时节，熟透了的桃子，捧在手心，软软的、绒绒的，艳阳当头，迫不及待地咬一口，一股清香又甜蜜的汁水一涌而出，那滋味令人陶醉，疲劳一扫而光。（细节之评：手中的感觉是"软软的""绒绒的"，在"艳阳当头"的环境中更增添了几分馋意；一个"咬"，一个"涌"，一个是迫不及待，一个是喷涌而出，味道"令人陶醉"，劳累"一扫而光"。这样的细节是精彩的、出众的）有时还召唤几个伙伴，偷偷顺墙爬进去，抱出几个，横躺在无水的渠里，一人一个享受着。（写法之评：片段中选择了生活中的细"小"事例，可是没有反映出"大"主题来，只是"小我"，没有"大我"，这是失败的写作）

微写2：清晨，我们还没有爬出被窝，就把偷来的大苹果一人一个，开始"早餐"。边吃边交流："从来都没有吃到这么嫩的黄元帅了！"（做法之评：为什么"偷苹果"的原因没有交代出来，没头没脑。这样做自己糊涂，读者更不明白）此时，房门被推开了，爸爸进来了。……当然我们都被"批"了。（删减之评："爸爸进来"，批评是一定的，这层含义在后文爸爸的话语中就可以看出来，再交代出来，就是重复，可把"当然我们都被'批'了"删掉，内容会更精练）爸爸说："没有经过别人同意，拿别人东西，就是'偷'，这是人品问题；晚上断电，是由于用电量增大造成的，不是电工的原因。做任何事情我们都要搞明白原因，不能盲目，更不能妄加猜测。做人要像白杨树那样，挺拔、耿直，没有歪枝……"（语言之评：爸爸的话语对"我"的教导，也是对"我"正确看待问题的指引）（整体之评：意识到了错误，可没有去纠正错误，没有通过自己的行动来弥补错误，思想上改变了，行动上没有改变，不能反映"知错就改"这个主题）

（三）修改分享、微写升格

微写1：自从搬进新院子，我常常念叨老院子。妈妈取笑说："你哪是怀旧，分明是惦记那树桃子！"老院子有一棵桃树，春风飘来，娇艳的桃花迎风招展。盛夏时节，熟透了的桃子，捧在手心，软软的、茸茸的，就别提有多爽口了。艳阳当头，迫不及待地咬一口，一股清香又甜蜜的汁水一涌而出，那滋味令人陶醉，疲劳一扫而光。"你别光顾着自己吃"，不知何时妈妈站在旁边，"我们拿几个给你奶奶、爸爸送过去，让他们也尝尝，有好东西不能只想着自己，要与亲人们一块分享，做一个孝顺的好孩子。""嗯！"我和妈妈提着桃子，兴冲冲地向奶奶的房间走去……

微写2：清晨，我们还没有爬出被窝，就把偷来的大苹果一人一个，开始"早餐"。边吃边交流："每天断电，这会儿让他好好品尝哈。""晚上没电，就是他把全村的电闸给关掉的……"房门被推开了，爸爸进来了。"没有经过别人同意，拿别人东西，就是'偷'，这是人品问题；晚上没电，是由于用电量增大造成的，不是电工的原因。做任何事情我们都要搞明白原因，不能盲目，更不能妄加猜测。"我们来到电工叔叔家，说明原因，希望得到原谅，并赔偿了苹果钱。回到家门口，爸爸说："做人要像咱家门口这棵白杨树那样，挺拔、耿直，没有歪枝……"

任务三：细节描写、清晰记事

细节描写是指对生活中细微而又具体的典型情节进行的细致形象的描绘。可以是人物细小动作、语言、心理等描写，也可以是景物或场景的细致描写，这是清晰叙事达到典型化的重要手段。

想要感动别人，先要感动自己。生活中有许多细节，那些充满关爱、饱含温暖的细节描写，常常包含言外之意，抓住这些细微的动情点，所写内容才能感动人、感染人。

（一）经典回顾、方法指导

1. 对屋里母亲唤着，我连忙走过去，坐在母亲旁边——一回头忽然看见红莲旁边的一个大荷叶，慢慢地倾侧了来，正覆盖在红莲上面……我不宁的心绪散尽了！

雨势并不减退，红莲却不摇动了。雨点不住地打着，只能在那勇敢慈怜的荷叶上面，聚了些流转无力的水珠。

我心中深深地受了感动——

母亲啊！你是荷叶，我是红莲。心中的雨点来了，除了你，谁是我在无遮拦天空下的荫蔽？

——摘自《荷叶·母亲》

[赏读] 大荷叶"慢慢地倾侧"，"覆盖"在雨中的红莲上，由此触动作者，产生联想，想到妈妈。平日里，妈妈疼爱自己的孩子，正像"大荷叶"倾侧在"红莲"上，借助此景抒发自己对母亲呵护儿女成长的感激之情。作者把自己比作红莲，把母亲比作荷叶，将浓浓的母爱寄寓在具体而又细微的事件中叙述，既生动形象，又新颖感人。

2. 那天我又独自坐在屋里，看着窗外的树叶"唰唰啦啦"地飘落。母亲进来了，挡在窗前："北海的菊花开了，我推着你去看看吧。"她憔悴的脸上现出央求般的神色。"什么时候？""你要是愿意，就明天？"她说。我的回答已经让她喜出望外了。"好吧，就明天。"我说。她高兴得一会坐下，一会站起："那就赶紧准备准备。""哎呀，烦不烦？几步路，有什么好准备的！"她也笑了，坐在我身边，絮絮叨叨地说着："看完菊花，咱们就去'仿膳'，你小时候最爱吃那儿的豌豆黄儿。还记得那回我带你去北海吗？你偏说那杨树花是毛毛虫，跑着，一脚踩扁一个……"她忽然不说了。对于"跑"和"踩"一类的字眼儿，她比我还敏感。她又悄悄地出去了。

——摘自史铁生《秋天的怀念》

[赏读] "我"看着"树叶""飘落"，妈妈出于对孩子本能的保护，"挡"在"我"面前，是怕"我"触景伤情。"央求般的神色"是母亲对儿子的期盼与爱护，让儿子出去走走，舒畅心情。"好吧，就明天。"得到"我"的同意，妈妈"喜出望外"，她"一会儿坐""一会儿站"，又"絮絮叨叨"。"跑着，一脚踩扁一个……"母亲不说了，"悄悄地出去了"。"我"看树叶飘落，母亲怕"我"触景生情；母亲说"跑""踩"，更怕"我"思景伤情。文章通过这些典型的细节把善良、疼爱儿子的母亲形象地展现出来，这既是儿子爱母亲，也是母亲疼儿子的真实写照。

（二）创设情境、依法初写

情景：请同学们运用"细节描写、清晰记事"的方法，写写家庭或学校生活片段。

微写1：雪后，小伙伴们欢呼着，跳跃着，呼朋引伴地开始堆雪人。首先，大伙儿齐心协力，用手刨，用锹铲，用袋子装，堆积起一个大雪球，这必须耗费大家的"洪荒之力"。（细节之评：用"刨""铲""装"写出雪人"产生"的过程）接着，再堆积起一个小雪球，安放在大雪球上，身体和脑袋都到位了，接下来就是帽子、眼睛、鼻子、嘴巴、手臂等等，费了半天劲，才搞定。（细节之评："整体"制作完成了，"局部"才是细节，才是写作的重点部分，可简单叙说，一笔带过，但此处应详写）终于，我们的雪人做好了。

微写2：首先要找一个操场，然后找接力棒，选手手里拿着接力棒时刻准备着。当裁判员吹哨子时，注意！反应一定要敏捷，动作一定要快，要像离弦的箭一样飞出去。当到第二棒时，手中的接力棒一定要拿稳，不能松手。当到第三棒时，不能出一点差错，要不然会离胜利很遥远的。到最后一棒的时候，一定要冲刺，要像脱缰的野马一样，这样胜利才会在眼前。（整体之评：这是讲理，是说接力比赛的注意事项。我们知道，平常玩时"找操场"难，"找接力棒"也难，"比赛选手"就更难找了。这不是空谈吗？不叙事反而讲理，为什么会出现这种情况呢？应该引起我们的思考）

（三）修改分享、微写升格

微写1：雪后，小伙伴们欢呼着，跳跃着，呼朋引伴地开始堆雪人。首先，大伙儿齐心协力，用手刨，用锹铲，用袋子装，堆积起一个大雪球，这必须耗费大家的"洪荒之力"。接着，再堆积起一个小雪球，安放在大雪球上，身体和脑袋都到位了，接下来就是细活。废弃的小铁桶扣在小雪球上当帽子，用完的墨水瓶当眼睛，矿泉水瓶盖成为鼻子，废弃的电池成为嘴巴，被废弃的笤帚当手臂。费了半天劲，才找到一把遗弃的秃头笤帚，也只能让它受委屈，成为独臂侠了。看着"复活"的独臂侠，大伙儿都说："这是变废为宝啊！"

微写2："预备，跑！"在裁判员的一声令下，第一棒的同学都像离弦的箭一样射出去，操场上顿时响起了阵阵掌声和欢呼声。我们班前三棒的选手都是"健将"，一上场就把其他选手甩在了后面，可惜好景不长，二班的选手追了上来。啦啦队使出全身劲儿，又是跺脚又是呐喊。最后一棒轮到我，早早就等待的我，接稳接力棒，全力以赴地向终点冲去。快到终点了，耳边啦啦队的加油声更起劲了，5米，3米，2米，1米……我冲过终点。"耶！我们赢了！我们赢了！"全班同学都欢呼起来。

任务四：一物多喻、形象话事

"一物多喻"属于比喻的一类，指用某物体为本体，其他若干事物为喻体来比喻。通过这种"一物多喻"的方式，把事情形象地叙述出来，所写文章会收到事半功倍的效果。

（一）经典回顾、方法指导

1. 俄而雪骤，公欣然曰："白雪纷纷何所似？"兄子胡儿曰："撒盐空中差可拟。"兄女曰："未若柳絮因风起。"

——选自《世说新语·咏雪》

［赏读］"白雪纷纷"通过"一物多喻"比作"撒盐空中"和"柳絮因风起"。两者形成鲜明的对比，表现出两人思维不同，结果也不同："柳絮"是自然现象，借作喻体，形象又美观；"撒盐"，从经济的角度，这是不可取的，是极大的浪费，当然也暗含了作者的褒贬倾向。

2. 春天像刚落地的娃娃，从头到脚都是新的，他生长着。

春天像小姑娘，花枝招展的，笑着，走着。

春天像健壮的青年，有铁一般的胳膊和腰脚，他领着我们上前去。

——选自《春》

［赏读］作者用"刚落地的娃娃""小姑娘""健壮的青年"比喻春天，分别突出春天"新""美""力"的特点，总结全文，深化主题。

3. 打开你的书来。

正如漆黑的夜里，一根火柴划亮了，你的眼前一片光辉；

正如清晨起来，把一扇朝东的窗子打开，微风携来新鲜牛奶一样的空气，沉醉着你，使你全身心感到舒畅；

正如一扇下了锁的门，你用钥匙把锁开启，于是久闭的门吱呀一声开了，你便用徐缓的步子，踱进一座美丽的园林；

正如在梦的摇篮里，你恍惚走进一座幻想的拱门，如流云之飘忽，你竟忘记了归来；

正如在沙漠之上，海一样的蓝天，突然在你眼前出现了琼楼玉宇，那神奇幻变的海市蜃楼。

——摘自《读者》中［英］莫洛《读书》

［赏读］作者把"读书"比作"划亮的火柴""晨风""开启的锁""梦的摇篮""海市蜃楼"等，形象地话说读书是爱的甜蜜、恋的依靠，这是美的享受。

一物多喻，从不同角度、不同方向描绘或诉说相同的本体，丰富本体的内涵、状态，增加行文的形象密度，给读者真切的感受。

"一物"可多喻绘景、形象多姿，如朱自清《绿》中："这平铺着，厚积着的绿，着实可爱。她松松的皱缬着，像少妇拖着的裙幅；她轻轻的摆弄着，像跳动的初恋的处女的心；她滑滑的明亮着，像涂了"明油"一般，有鸡蛋清那样软，那样嫩，令人想着所曾触过的最嫩的皮肤；她又不杂些儿法滓，宛然一块温润的碧玉，只清清的一色——但你却看不透她！"（朱自清《绿》）

［赏读］作者从视觉、神韵、光泽质地、色彩等方面形象地突出潭水的纯粹、洁明和深奥；还可多喻摹声、逼真传神，多喻写人、神形兼备，多喻抒情、情思隽永等。

运用一物多喻，要观察积累，积极想象（如"看，像牛毛，像花针，像细丝，密密地斜织着，人家屋顶上全笼着一层薄烟。"《春》）；体现区别，层次设喻（如余光中的《乡愁》中"小时候""长大后""后来""现在"）；结合修辞，优美形象（如刘成章的《安塞腰鼓》中"……百十个斜背响鼓的后生，如百十块被强震不断击起的石头，狂舞在你的面前。骤雨一样，是急促的鼓点；旋风一样，是飞扬的流苏；乱蛙一样，是蹦跳的脚步；火花一样，是闪射的瞳仁；斗虎一样，是强健的风姿。"）；等等。

（二）创设情境、依法初写

情景：请同学们观察并思考生活中的物象，运用"一物多喻、形象话事"的方法，写200字左右的片段。

微写1：网课开始了，班级微信群里传来了老师的声音："各位同学，大家好，现在打开各自的'接收器'，我们来上课。"旁边的妈妈严肃了，把她的"百宝箱"先收了起来。刚刚学会上网的奶奶，手机可是她的"万话筒"，一会儿给这个发语音，一会儿与那个聊视频，妈妈提醒奶奶小声点时，她立马用手捂住嘴巴，过会儿又恢复原状。爸爸可悠闲了，打开自己的"百科全书"，丈量着自己那"一亩三分地"。

[赏读] 特定的环境（家中），特定时间（网课将开始），手机，不同人眼里，称呼也不同，如"百宝箱""万话筒""百科全书"等。我们知道，手机它就是普通的科技产品，应正确认识并合理使用。这既是"一物多喻，形象话事"的做法，也运用了"先叙后议"方法，是提高认识，也是对所写内容的概括总结。

微写2：月亮是夜游明灯，是苏轼"解衣欲睡，月色入户，欣然起行"的闲情雅致；月亮是故乡思念，是李白"举头望明月，低头思故乡"的牵挂忧伤；月亮是独居伴友，是李白"举杯邀明月，对影成三人"的饮酒欢快；月亮是秋夜忧思，是张继"月落乌啼霜满天，江枫渔火对愁眠"的旅途忧愁；月亮是忧伤朦胧，是杜牧"烟笼寒水月笼沙，夜泊秦淮近酒家"的爱国感慨；月亮是书信鸿雁，是张若虚"滟滟随波千万里，何处春江无月明"的离情别绪……

[赏读] 把月亮比作"夜游明灯""故乡思念""独居伴友""秋夜忧思""忧伤朦胧""书信鸿雁"，其中"夜游明灯""独居伴友""书信鸿雁"是具体事物，而"故乡思念""秋夜忧思""忧伤朦

胧"是抽象事物；一是名词，一是动词，调整为两个片段为宜。

（三）修改分享、微写升格

微写1：网课开始了，班级微信群里传来了老师的声音："各位同学，大家好，现在打开各自的'接收器'，我们来上课。"旁边的爸爸告诫妈妈："快把你的'百宝箱'收起来，此时需要安静。"刚刚学会上网的奶奶，手机可是她的"万话筒"，一会儿给这个发语音，一会儿与那个聊视频，妈妈提醒奶奶小声点时，她立马用手捂住嘴巴，可时间不长又恢复原状。爸爸可悠闲了，打开自己的"百科全书"，丈量着自己那"一亩三分地"。手机，在每个人的眼里都是不一样的，其实它就是普通的科技产品，改变了我们的生活方式，提高了我们的生活质量，有时也让我们沉迷其中不能自拔啊！

微写2：月亮是夜游明灯，是苏轼"解衣欲睡，月色入户，欣然起行"的闲情雅致；月亮是独居伴友，是李白"举杯邀明月，对影成三人"的饮酒欢快；月亮是书信鸿雁，是张若虚"滟滟随波千万里，何处春江无月明"的离情别绪；等等

微写3：月亮是故乡思念，是李白"举头望明月，低头思故乡"的牵挂忧伤；月亮是秋夜忧思，是张继"月落乌啼霜满天，江枫渔火对愁眠"的旅途忧悲；月亮是忧伤朦胧，是杜牧"烟笼寒水月笼沙，夜泊秦淮近酒家"的爱国感慨；等等

例文：亲身体会、学会记事

亲身体会、学会记事的结构布局如图3-3所示。

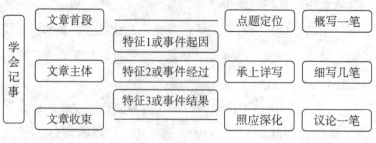

图3-3

新课标中说：写记叙性文章，表达意思明确，内容具体充实。就写事记叙文而言，首要任务是学会记事，在合理安排记叙六要素的基础上学会将行文构想合理安排，达到把事情写真实、具体、清晰之目标。为实现这个目标，选取日常生活中亲身经历的事情，通过对自然、社会、人生的体验、感悟与思考，来实现自己真情实感的表达。在写作中，找寻生活中那些感人肺腑的细节、片段，通过真实写事、真情叙事、清晰记事和形象话事等方式来还原它、深化它，写出富有深意的文章来。

例1（初写文）：

童年趣事

海原县回民中学　七年级（2）班　张丽媛

咦！这厨房里怎么又放了一瓶可乐？拿起仔细一看，噢……这让我想起了儿时的那"半瓶可乐"。（开头之评："这厨房里怎么又放了一瓶可乐"引出回忆，引起话题。开篇点题，总领全文。）

"吃饭了！吃饭了！"母亲大清早又在"打鸣了"（用词之评："打鸣"有些稚嫩，用在妈妈身上不太合适）。没有办法，作为一个二年级的小孩子必须听话，这回可不敢再装病，不起床了。（体验之评：为了赖床，装病的事也做过，哈哈……）我跑进厨房想要快速吃完饭，再去睡觉。"咦，这怎么还有半瓶可乐呀？"我都很久没有喝可乐了，我两眼放光，想着悄悄拿走，独自享受。（事件起因之评：为了吃早餐，进入厨房，看到"可乐"，占为己有，顺理成章，合理）

我就像头"恶狼"般，迫不及待想喝那半瓶可乐，还没等到饭吃完就偷偷溜出来，躲在一个墙角，刚要享受美食，可听到妈妈一声吼："怎么又没酱油了呢？"（感受之评："怎么又没酱油了呢？"说明家中"没有酱油的事"经常发生，不能天天把"酱油当成可乐"吧，此处不真实，应调整）妈妈要让我去买，我拉着个脸，但还是给买酱油去了。我边走边想："昨天还有酱油呢，这怎么一吃饭就没有了呢？难道是妈妈也想喝我那半瓶可乐？不行，我得跑回去'救'我那美食去。"

还好我把可乐藏起来了，没人发现，现在总可以喝了吧！我把门反锁了，窗子也扣住了，窗帘也拉上了，灯也关了，终于要享受美食了。"啊，妈妈呀，这怎么是咸的呀？"气得我哇哇叫，妈妈把门打开问："好好的，喝什么酱油啊？""妈，这不是可乐吗？怎么会是酱油呢？"妈妈哈哈大笑说："傻孩子，只是酱油没地方放，我就倒在可乐瓶里了。"那时，我的脸真的超烫。（衔接之评："我把门反锁了"而"妈妈把门打开"，妈妈是如何把门打开的呢？里面反锁，外面即使有钥匙，门也是打不开的，此处妈妈把门打开，前后衔接不合理，应调整）（细节之评：如何喝酱油的，把"喝"的细节描写出来，这样才真实，富有感染力）

现在那半瓶"可乐"还在厨房里。但现在的我再也不会做那傻事了，只是看到了，想起了，很怀念……（结尾之评："傻事"？儿时如果能判断这是傻事，还能再干吗？应改为"趣事"，与前文照应，与主题相符）

例2（升格文）：

童年趣事

海原县回民中学 七年级（2）班 张丽媛

咦！这厨房里怎么又放了一瓶可乐？拿起仔细一看，噢……这让我想起了儿时的那"半瓶可乐"。

"吃早餐了！吃早餐了！"大清早就听到妈妈在督促我们生活要有规律。自从上了二年级，淘气的我天天赖床，没少与妈妈"打架"，"弱势"的我总是败在妈妈的"威严"下。"今天的早餐很丰盛，快起来吧。"我快速爬起来，跑进厨房想看看到底是什么好吃的。"啊！有可口可乐喝，不对啊，当医生的妈妈对于可乐、雪碧、健力宝等饮料很是反对，难不成今天丰盛的早餐也包括可乐？"我心里犯着嘀咕，不管三七二十一，先把这半瓶可乐藏起来，等早餐结束了再慢慢享用吧。

我恶狼般进餐的同时，心早就飞到可乐上。妈妈很是疑惑："这孩子今天怎么了呢？"爸爸笑着说："周末，吃完了要补觉！"还没等最后一口面包咽下去，我就溜进卧室来，迫不及待拿出可乐，打开盖子，正要送到口边享用时，只听到妈妈喊道："怎么又没酱油了呢？媛媛你去买。"哎！为了能慢慢享用，我先去买酱油吧。走在路上琢磨："昨天有酱油，这怎么一顿饭的工夫就没有了呢？难道是妈妈发现了我拿了的可乐，故意支开我吗？"我买了包酱油，快速回家。

幸好，可乐没被发现，现在可以喝了。我把卧室门关上，窗帘拉下来，打开瓶盖，很悠闲地把瓶口送到嘴边，举起瓶子，美美地喝了一大口，还没有来得及品尝就下肚了，下意识感觉今天的可乐味道怪怪的，跟记忆中的味道大不一样，再喝一口尝尝。"喔，妈呀！这是什么啊？既辣又咸呢？"闻声跑来的妈妈看着大哭的我愣住了。稍停，她顿时明白了，问道："好端端的，喝什么酱油啊？""妈，这不是可乐吗？""傻孩子，我是把袋装酱油倒进空可乐瓶里，炒菜时方便用，没想到你……"

此时看着厨房里的这半瓶"可乐"，我会心地笑了。那段时光已离我而去，可是留给我的记忆是清晰的，是铭心的。

[**评读**]《童年趣事》这篇文章小作者写了儿时把酱油当作"可乐"喝的全过程。通过"初写文"与"升格文"的比较，我们看出，"升格文"中人物形象更突出，事情交代更具体，故事情节更有可读性，语言衔接更流畅，思维逻辑更严密。

例文3：

童年趣事

海原县第二中学　七年级（9）班　马惠琴

每个人都有美好的童年，而童年的趣事就像小溪里欢快的鱼儿，它们相互追逐着，嬉戏着，鱼鳞在阳光的映照下，发出五颜六色的光彩，美不胜收。

自从搬进新院子，我常常念叨老院子。妈妈取笑说："你哪是怀旧，分明是惦记那树桃子！"老院子有一棵桃树，春风飘来，娇艳的桃花迎风招展。盛夏时节，熟透了的桃子，捧在手心，软软的、茸茸的，就别提有多爽口了。艳阳当头，迫不及待地咬一口，一股清香又甜蜜的汁水一涌而出，那滋味令人陶醉，疲劳一扫而光。有时还召唤几个伙伴，偷偷顺墙爬进去，抱出几个，横躺在无水的渠里，一人一个享受着。

"丁零零、丁零零"下课铃声响了，同学们像利箭般飞出教室，冲向操场。左手拿语文书，右手拿黑炭棒，每人紧挨着，画出大约两米宽的一块空地来温习当天的生字词。此时的阳光已经收敛了它傲人的光芒，可我们的身影却慢慢被拉长了。当站起身时，看着一个个小花猫，大家都笑了。

傍晚时分，伙伴们三五成群地赶着自家的毛驴到河边饮水。驴在前面欢，孩子们在后面闹。突然，有人提议，如果谁敢骑到驴背上，他就是老大。年纪小、个头矮，又面对出圈撒欢的"驴先生"，骑到背上，谈何容易。在大家的欢呼雀跃声中，我终于爬上了驴背，还没来得及庆祝喜悦，就被扔下来了。面颊重重落地，蹭出道道伤痕，疼痛钻心，当着伙伴们的面，我号啕大哭。从此以后，我成了伙伴中的"老大"。

哈哈，有趣吧！我的童年就是这样，傻事趣事一背篓，像吃桃子、骑毛驴、爬树掏鸟、钻水洞……也正是那么多趣事傻事，组成了我们七彩的童年、欢乐的童年、留恋的童年。虽然这段美好时光正慢慢离我而去，但我相信这些事一定会成为我人生中最难忘的回忆。

［评读］每个人都有精彩的、甜蜜的童年生活，小作者也一样。文章中作者通过"吃桃子""画生字""骑毛驴"三个典型事例，运用细节描写真实展现了自己的童年生活。童年，既有生活的甜蜜、学习的艰苦，也有闲暇的快乐，这就是我们的童年生活。童年是七彩的、快乐的，也是让人留恋的，表达了作者对童年生活的热爱与对那段往事的怀念。

例文4：

那一次，我欣喜若狂

海原县第三中学　八年级（5）班　马伟伟

星期六早上，我与妈妈在家里欢快地享受着我们合作完成的早餐。外焦里嫩的圆形煎蛋肯定是妈妈的杰作，我的劳动是用开水泡了两杯燕麦片饮料。春天的阳光投进客厅，热热的，暖暖的，我们的内心无比欢畅。

早餐后，我帮妈妈洗碗，圆形煎蛋依旧令人回味无穷。突然，一个念头滑入我的脑海——向妈妈拜师，学做煎蛋！心动不如行动，我们开始了。妈妈系好了围裙，熟练地按亮电锅开关，倒入花生油，待油冒微烟时，将事先用菜刀打破的鸡蛋，稍微用力捏破，把蛋清和蛋黄倒进锅里，"呲啦"一声响，再撒上葱花、细盐，拿起铲子，上下翻转……一连串的动作行云流水，不一会儿，浓郁的蛋香飘满整个厨房。

早已围上围裙的我，从妈妈手里接过锅铲，学着妈妈的样子，将油倒入锅中；接着，我把敲破的鸡蛋，迎着热油倒入蛋清与蛋黄，当即热油就溅到我的手背，随着手一抖，蛋壳"成功"地掉进锅中，眼疾手快的妈妈，一把就把蛋壳捞了出来。此时的紧张与慌乱让我忘记放细盐、放葱花，等到回过神来，一股焦味扑鼻而来，我猛地反应过来，只顾紧张了，忘记给煎蛋"翻身"了！赶紧补救，可为时已晚，紧贴锅底的那面煎蛋已成黑焦状，一件次品出炉了……

妈妈微笑着安慰我："不碍事，注意火候，再试一试！"然后妈妈把着我的手，手把手地教我煎，之后我再试做。时间过得很快，蛋壳已扔满垃圾桶，而妈妈呢？她一边喝着茶水，一边检验着我的作品，时不时点评："妈呀，好咸啊！""这个煎得有点老了！""嗯，这里面有蛋壳。"……

在妈妈的别样鼓励下，一个个太阳形的、里嫩外焦的煎鸡蛋发出浓浓的香味，妈妈笑着说："丫头，今天中午的大餐就是煎蛋，你可以出师了！"我激动得涨红了脸，满身油烟味的我抱住了妈妈！成功的那一刻，我欣喜若狂！

［评读］人生，有很多的"那一次"，有时让我们泪流满面，有时让我们欣喜若狂。文章中小作者给我讲述了自己向妈妈拜师学做煎蛋的故事。妈妈示范引领，动作娴熟，蛋香浓郁，堪称精品。当自己上手时，手忙脚乱，丢三落四；不断尝试，不断努力，在一次次的次品之后，"正品"终于出现了，"我"欣喜若狂。文章通过流畅的语言、充沛的情感把"学煎蛋"的全过程展现了出来，结构严谨，布局恰当，耐人寻味。

例文5：

我们这一家人

海原县第四中学　八年级（7）班　马佳鑫

爸爸是退役军人，刚强坚韧；妈妈是农民，善良朴实；两个哥哥读高中，乐学好胜；我，读初中。一家子，5口人，幸福地生活在一个大家庭中。

炎热、烦躁，知了在沉闷的空气中叫个不停，可我们家正上演欢喜

137

交响曲。大哥的录取通知书收到了，爸爸兴奋地读着："杨阳同学，你被临床医学系录取了，宁夏医科大学。"喜悦在传递着……录取通知书来到了妈妈手中，她手持通知书，慢慢坐在床边，泪水早已浸湿双眼。前几天从网上查阅到被录取的信息时，妈妈也没有这样"激动"啊，今天是怎么了呢？爸爸安慰着妈妈："看，拿到了吧，前几天网上查到的信息是真实的，现在已经是信息时代了，网上录取，一切很透明的。"

傍晚，爸爸叫齐全家，从床底的木箱中取出一个黄色的军用挎包，放到床上。妈妈说："这是我们的全部家当。"说话的当儿，爸爸打开挎包，把所有的钱都倒了出来，100、50、20、10、5、1元的，堆成了小山，其中1元、5元和10元的占多数。兴奋的爸爸像个孩子："你们三个好好读书，什么都别怕，有爸爸呢！"他扬起手拍了拍胸脯。爸爸那饱经风霜的脸上含着微笑，眼中浸着泪花……

不负众望的二哥，也考上了大学。录取通知书来的那一刻，父亲像个受了委屈的孩子，使劲搂住二哥，他们颤抖和哽咽在一起。二哥走时，妈妈手忙脚乱，觉得很不放心。我们送二哥去火车站，他独自去学校报到。骄阳下的站台上，爸爸瘦了，黑发中夹杂着很多白发，脸上的皱纹铺得更多了，手指很粗，手掌更糙，但刚劲有力。妈妈挥着手，爸爸用他那粗糙的手轻轻摸着我，看着远去的列车……

我们是小草，爸妈就是水分，给我们营养；我们是鲜花，爸妈就是绿叶，绿叶衬着鲜花；我们是小鸟，爸妈就是天空，小鸟自由翱翔。是啊，爸妈没有什么奢求，他们的期望简单而又伟大。温暖能将一切融化，流水能将一切冲走，但不能冲走也不可带走的就是家庭的温暖。

[评读] 文章通过写两位哥哥分别考上大学时家人的反应，"爸爸打开挎包，把所有的钱都倒了出来，100、50、20、10、5、1元的，堆成了小山，其中1元、5元和10元的占多数"等细节描写，表现了家庭生活的艰难和家人的坚毅与不屈，正是这种家庭的温暖，给了家庭滋养，抒发了我对家庭的深深的热爱，这是幸福的家庭，也是奋斗的家庭，更是充满力量的家庭。

多措并举　话事抒怀

——写事的层级读写与例文

核心任务：通过多角度、多手段策划来完成一篇叙事记叙文。

任务一：罗列提纲、结构清晰

所谓提纲，是指写文章时为了思路清晰，用简洁的文字将文章主题、材料、结构等，以纲目的形式把材料串联起来的一种逻辑思维简图。

罗列提纲有助于写作思维清晰和构思完整，能展现文章的结构布局，清晰内容要点。

（一）经典回顾、方法指导

1.《走一步再走一步》结构布局

《走一步再走一步》的结构布局如图3-4所示。

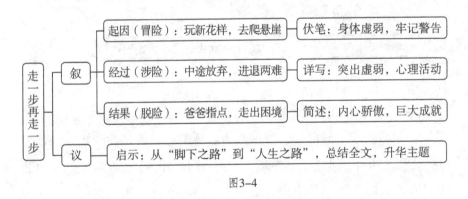

图3-4

［赏读］文章开头，交代故事发生的时间、地点以及事件的起因，统领全文，为爬悬崖做好铺垫；由于身体虚弱，牢记妈妈的警告，不叫"我"冒险，又因为好朋友的喊叫，不得不去，这是事件的起因，也为下文被困悬崖埋下伏笔；"阵阵晕眩""天旋地转""虚弱无力""神情恍惚""害怕和疲劳让我麻木"致使"我"被困悬崖，这块内容详写"我"被困悬崖时的心理活动，这也是人遇困难时的典型心理活动描

写；爸爸和杰里来找"我"，爸爸的"安慰"不仅表现了爸爸的关爱之情，也暗示着爸爸的鼓励之意；在爸爸的鼓励、安慰下，更重要的是在爸爸战胜困难的方法与策略下，增添了"我"的信心；在爸爸的鼓励和指导初见成效时，"我"走出了第一步，"我"信心大增；最后一脚是"我"成功的表现，是爸爸给了"我"战胜困难的勇气和信心，"我"为自己感到骄傲与自豪；结尾处，由"脚下之路"延伸到"人生之路"。"屡次""前途茫茫而灰心丧气""悬崖上学到的经验，更让我能应对一切"，这时，"我"惊奇而又自豪地发现："我"走过了漫长的道路。总结全文，深化主题。

2.《散步》结构布局

《散步》的结构布局如图3-5所示。

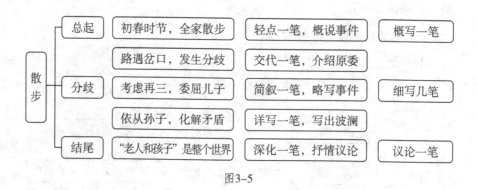

图3-5

[赏读] 文章第一段，点明事件、交代地点、说明人物，这是概说事件。"母亲本不愿出去的"是因为身体不好，可是在"我"的劝说（"正因为不好，才应该多走走"）下，同意外出，交代原委。田野的春色和家人的乐趣，是幸福，是快乐，略写事件，简洁交代。发生分歧，"我"责任重大，母亲依从孙子，化解矛盾，解决分歧，折射出这是一个互敬互爱、其乐融融的家庭，写出曲折，写出波澜，进行详细交代。结尾抒发感情，表达感受，总结全文，升华主题，这是表达观点，是揭示主旨，是升华主题。全文一气呵成，衔接紧密，过渡自然，语言流畅，感情充沛。

写作时，文章罗列提纲，可用小标题的形式，顺着这样的思路"走一步，再走一步"，就可以很好地把文章的"结构布局"呈现出来了。

（二）创设情境、依法初写

情景：某天，由于种种原因，我回家晚了，让爸妈担忧，请以"这天，我回家晚了"为题，写一篇文章。

例文：

这天，我回家晚了

家，是心灵的港湾，是风浪中驻足休憩的小窝，更是我们沐浴爱恋与温暖的阳光。家的温暖，是放学回家热腾腾的饭菜，是获奖时喝彩鼓励的掌声，更是受伤后一声声叮嘱、一声声疼爱、一声声安慰……

那是一个风雨交加的傍晚，天空黑压压的，狂风肆虐，暴雨愤怒，回家途中的我摔倒了。手掌破了、衣服裂了，我狼狈极了。看着手掌上渗出的鲜血混合着砂石和泥土，由鲜红变成褐色，加上雨水的"滋润"，钻心的疼痛时不时地触动着我的神经末梢，我咬着嘴唇，仰着脑袋，背着书包，迎着风雨，敲响家门。今天，比往常回家晚……

"冷冷的冰雨胡乱地拍"，此时我已是"落汤鸡"。门打开了，披着衣服的妈妈站在门口。看着我的狼狈相，妈妈顿时明白了："他爸，双双摔倒了，快来啊！"随即爸爸从客厅出来了。脱下外套，褪去校裤，已经被雨水浸湿的内衣，紧紧地贴在皮肤上，随着身体的颤抖，门口布垫已被雨水泡湿一大片。妈妈吓坏了，"怎……么……成……这样……呢？"她语无伦次，惊慌失措，不知如何是好。

见多识广的爸爸，一边安慰着妈妈，一边用双手贴着我的身体，从上到下捋着衣服，地板上，浸湿的面积在增多，妹妹拿来了拖把。"没事，先换衣服，我们再检查身体，看伤势如何。"回过神的妈妈带我进卧室换衣服并为我细致地检查身体，除手掌渗着雨水格外疼痛外，再没有大碍。爸爸为我清洗伤口，喷上药水，缠上纱布，这一切爸爸做得很仔细，很小心。疼痛减轻了，妹妹端来了姜汤水，妈妈在厨房忙着做晚饭。"没事，休息啊！"爸爸安慰我。

爸爸的细心、妹妹的姜汤、妈妈的忙碌……我的喉咙像被塞了块铅，一股暖流喷涌而上。家中有亲情、爱情，它们组合成祥和的团体，其乐融融，"晚"回家的感觉挺好！

[评读]文中小作者通过细节描写，写了由于狂风暴雨，路滑难行，"我"摔倒了，手掌划破了，回家晚了，家人为我检查身体，爸爸为我包扎伤口，妈妈给我做饭，妹妹给我姜汤水的故事，突出了"我"被爸妈关爱，被妹妹关心，抒发了家庭的祥和，其乐融融。这是一个幸福的家庭、温暖的家庭，也是一个具有良好家风的家庭。

《这天，我回家晚了》的结构布局如图3-6所示。

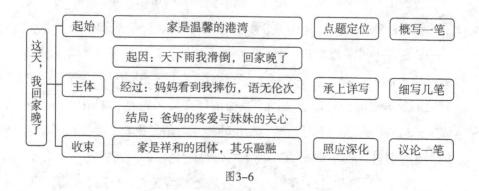

图3-6

任务二：间接材料、为文所用

写作时，材料的选取有两个方面：日常生活所接触的各种各样的人物、各种各样的事情，这些都是作者亲身经历（人、事、景等）的直接材料，这样的材料，作者有切身的感受，运用起来得心应手，也便于表达真情实感；也有来自他人讲述、书刊报纸、网络空间、综艺影视等的间接材料，这些材料能丰富写作时的素材。

在日常生活中，有很多事情不是我们亲身经历的，往往要通过不同的渠道获得更广的信息。写作也一样，除了直接材料外，我们还要借助各种途径搜集资料，通过查找打听、阅读分析、倾听理解等选取材料，为文所用。间接材料支撑、配合直接材料，可使文章内容达到"托云衬月"之功效。

（一）经典回顾、方法指导

1.凡是同叶圣陶先生有些交往的，无不为他的待人宽厚而深受感动。前些年，一次听吕叔湘先生说，当年他在上海，有一天到叶先生屋里去，见叶先生伏案执笔改什么，走近一看，是描他的一篇文章的标点。这一次他受了教育，此后写文章，文字标点一定清清楚楚，不敢草率了事。我同叶圣陶先生文墨方面的交往，从共同修润课本的文字开始。其时他刚到北方来，跟家乡人说苏州话，跟其他地方人说南腔北调话。可是他写文章坚决用普通话。他对普通话生疏，于是不耻下问，让我帮他修润。我出于对他的尊敬，想不直接动笔，只提一些商酌性的意见。他说："不必客气。这样反而费事，还是直接改上。不限于语言，有什么不妥都改。千万不要慎重，怕改得不妥。我觉得不妥再改回来。"我遵嘱，不客气，这样做了。可是他却不放弃客气，比如有一两处他认为可以不动的，就一定亲自来，谦虚而恳切地问我，同意不同意恢复。我当然表示同意，并且说："您看怎么样好就怎么样，千万不要再跟我商量。"他说："好，就这样。"可是下次还是照样来商量，好像应该做主的是我，不是他。

——摘自《叶圣陶先生二三事》

[赏读] 文章中叶圣陶先生为吕叔湘先生的文章"描标点"的事情不是"我"亲身经历的事，是听吕叔湘先生说的，这是间接材料。作者在此引用吕叔湘先生的讲述"描标点"的事（间接材料），加上我亲身经历的事（直接材料）都是围绕"凡是同叶圣陶先生有些交往的，无不为他的待人厚而深受感动。"这个段首句选择的材料，说明叶圣陶先生做事严谨细致，这不是"我"的个人观点，而是公认的。

2. 1951年2月，我母亲在上海去世，我奔丧回南。回到北京，家里人告诉我，圣陶先生找过我，说有要紧事儿。我去了才知道是要写一个讲语法的连载，在《人民日报》上发表，主要是供报刊编辑以及一般干部参考。发起这件事的是胡乔木同志，他曾经问过语言研究所，语言研究所不愿意承担，才找到圣陶先生，圣陶先生说可以找吕某人试试。这就是《语法修辞讲话》的由来。这件事在我的生活中形成又一个转折点。1952年高等学校院系调整的时候，我被分配到语言研究所，做语法研究工作，还在人民教育出版社兼任一名副总编辑（圣陶先生是社长），照料语文课本的编辑工作。如果没有《语法修辞讲话》这件事，很有可能我会跟着清华大学中文系并入北京大学，或者调到别的大学去。

——摘自吕叔湘《怀念圣陶先生》

[赏读] "圣陶先生找过我，说有要紧事儿。"这是听家里人说的，"他曾经问过语言研究所，语言研究所不愿意承担，才找到圣陶先生，圣陶先生说可以找吕某人试试。这就是《语法修辞讲话》的由来。"这也是听别人说的（间接材料），与"我"被分配到语言研究所和兼任人民教育出版社副总编辑（直接材料）的事，写出了圣陶先生对我人生的改变与影响，表现了对先生深深的怀念与感激之情。

（二）创设情境、依法初写

情景：同学们，我们的班级有不少"牛人"吧？他们是"读书迷"，知识丰富；他们是"运动健将"，技能超人；他们是"搞笑专家"，活跃气氛……请以"我们的牛人"为题，写一个150字左右的片段。

微写1：今天有篮球比赛，听说我班的田小虎可是一位"篮球达人"，球技无人能及。[选材之评：从侧面（间接）说田小虎是"篮球达人"]看，"唰"的一声，随着清脆的入筐声，犹如点燃导火线，瞬间全场沸腾了。从鸦雀无声到点燃全场，用时不到三秒钟，一脸得意的他露出骄傲的表情："还有谁？"（细节之评："唰"这是篮球入筐的声音，是一个回合终结的声音，是球队能力的体现，也是观众"燃烧"的导火线）（感受之评："露出骄傲的表情"，这是比赛过程中的"小插曲"，是成长过程）对手也不是吃素的，只见防守队员一个快插，他见势头不妙，可已经来不及了，一个箭步从田小虎身边窜过，球已经到了对方手中。说时迟那时快，对手两三步就到了三分线旁，紧追其后的田小虎本想封盖，对方早就起跳、投篮，球进了。（感受之评："篮球达人"所表现出的是优秀的一面，被别人轻易把球"切去"，从"达人"的表现上还是有些欠缺的，属于败笔）耳旁传来老班的呼叫："不可大意！"……（用词之评："呼叫"，这是善意的提醒）

微写2：谁是"街舞王"？全班都会用抢答的方式，齐声说：咱班的

"舞林高手"就是李晓旭。课间，他闪亮登场。瞧！他踩着同学播放的"旋风鼓点"，有节奏地舞动手臂，左脚向前，右脚在地上摩擦，双脚交替进行。紧接着，他将双手撑地，脑袋悬空，身子微微向上弯曲，双腿使劲往上蹬，并用双腿在空中摆了一个"V"字形，一个空翻站了起来。颈，肩，腰，臀，身体的每个部位都在尽情舞动着，神采飞扬，活力四射，充满了蓬勃的青春朝气。〔技法之评：片段没有运用侧面（间接）描写，全用正面（直接）描写，写出了李晓旭是真正的"舞林高手"，写法上没有问题，可是这与训练的"间接材料、为文所用"，学以致用，语言学用相悖〕

（三）修改分享、微写升格

微写1：今天有篮球比赛，听说我班的田小虎可是一位"篮球达人"，球技无人能及。看，"唰"的一声，随着清脆的入筐声，犹如点燃导火线，瞬间全场沸腾了。从鸦雀无声到点燃全场，用时不到三秒钟，一脸得意的他露出骄傲的表情："还有谁？"又开球了，田小虎接球、转身、过裆，一套动作行云流水。对手也不是吃素的，防守队员一个快插，田小虎早有准备，一个快闪，躲过对方的拦截。说时迟那时快，两三步就到了三分线外，起跳、投篮，球进，欢呼不绝于耳……

微写2：谁是"街舞王"？全班都会用抢答的方式，齐声说：咱班的"舞林高手"就是李晓旭。听说他小学时就参加比赛还获得过奖项呢，今天可一睹为快。课间，他闪亮登场。瞧！他踩着同学播放的"旋风鼓点"，有节奏地舞动手臂，左脚向前，右脚在地上摩擦，双脚交替进行。紧接着，他将双手撑地，脑袋悬空，身子微微向上弯曲，双腿使劲往上蹬，并用双腿在空中摆了一个"V"字形，一个空翻站了起来。颈、肩、腰、臀，身体的每个部位都在尽情舞动着，神采飞扬，活力四射，充满了蓬勃的青春朝气。

任务三：依据主题、安排详略

"依据主题、安排详略"要求依照文章主题，能够合理地安排事情的详略，而不是所有的事情都平均对待。详略是由文章中心所决定的，要围绕中心确定详略。

详略得当，一般用在材料、事例较多的情况下。如果是两三个事例，可以安排成并列的结构形式，都可作详细叙述，如果有些事情较复杂，就应把最精彩的部分详述。如果事情较多，就需要花费些精力来安排详略了，究竟哪些详、哪些略，要根据中心（主题）而定。

一般而言，最能表现中心的材料要详写，对表现中心起辅助作用的材料要略写，这样详略得当，主题才能突出。

（一）经典回顾、方法指津

1. 第二天早上，我们没有立即上路，老人也没有离开，我们决定把小茅屋修葺一下，给屋顶加点草，把房前屋后的排水沟再挖深一些。一个哈尼小姑娘都能为群众着想，我们真应该向她学习。

我们正在劳动，突然梨树丛中闪出了一群哈尼小姑娘。走在前边的约莫十四五岁，红润的脸上有两道弯弯的修长的眉毛和一对晶莹的大眼睛。我想：她一定是梨花。

瑶族老人立即走到她们面前，深深弯下腰去，行了个大礼，吓得小姑娘们像小雀似的蹦开了，接着就哈哈大笑起来：“老爷爷，你给我们行这样大的礼，不怕折损我们吗？”

老人严肃地说：“我感谢你们盖了这间小草房。”

为头的那个小姑娘赶紧摇手：“不要谢我们！不要谢我们！房子是解放军叔叔盖的。”

——摘自《驿路梨花》

[赏读] 这篇文章的主题（中心）是通过发生在哀牢山深处小茅屋中的故事，展示了雷锋精神在祖国边疆军民中发芽、生根、开花、结果的动人情景，再现西南边疆少数民族助人为乐、热情好客的淳朴民风，歌颂互帮互助的良好社会风尚。文章的中心人物是“梨花姑娘”，“我们”只是辅助人物，“我们”做好事是受到梨花姑娘的感染，写“我们”既是梨花姑娘做好事的见证，也是为了烘托梨花姑娘的善良感人至深。“我们”略写，是“依照中心，安排详略”之原因。

2. 乡干部又来了，慰劳了我们几个家做的干菜月饼。原来今天是中秋节了。

……

我咬了一口美味的家做月饼，想起那个小同乡大概现在正趴在工事里，也许在团指挥所，或者是在那些弯弯曲曲的交通沟里走着哩！……

一会儿，我们的炮响了，天空划过几颗红色的信号弹，攻击开始了。不久，断断续续地有几个伤员下来，包扎所的空气立即紧张起来。

……

包扎所的担架不够了，好几个重彩号不能及时送后方医院，耽搁下来。

……

前面又下来一个重伤员……一个上了年纪的担架员，大概把我当作医生了，一把抓住我的膀子说："大夫，你可无论如何要想办法治好这位同志呀！你治好他，我……我们全体担架队员给你挂匾……"他说话的时候，我发现其他的几个担架员也都睁大了眼盯着我，似乎我点一点头，这伤员就立即会好了似的。我心想给他们解释一下，只见新媳妇端着水站在床前，短促地"啊"了一声。我急拨开他们上前一看，我看见了一张十分年轻稚气的圆脸，原来棕红的脸色，现已变得灰黄。他安详地合着眼，军装的肩头上，露着那个大洞，一片布还挂在那里。

——摘自茹志鹃《百合花》

[**赏读**]文章的中心是通过战斗打响前的小插曲和一些琐碎的生活细节，表现了出身农民的小通讯员憨厚、善良、腼腆，带有几分稚气，懂得体谅群众、关心群众，散发出平常、亲切的日常气息；表现了小伙子对生活与生命的热爱、依恋。他就像灿然开放的一朵清新百合，作者形象细腻地谱写了一曲"没有爱情的爱情牧歌"。那条新被上的百合正是一朵朵象征着纯洁与感情的美好之花，赞美了人与人之间最美好、最纯真的情感。"小通讯员"是中心人物，而"我"和"新媳妇"是辅助人物，文章的材料围绕中心，安排详略。

（二）创设情境、依法初写

情境：同学们，我们都会写日记，记录每天的生活。在这一天中，哪些经历令你感触最深或是你独有的经历？请以"我一天的某个片段"为话题，写写最精彩的情景，200字左右。

微写1：地面上的长绳如同养精蓄锐的蟒蛇（感受之评：运用比喻，把"长绳"比作"蟒蛇"，就修辞运用而言合理，可是就情景而言，"蟒蛇"势必给人带来恐惧和慌张），比赛双方队员紧紧盯着对方，摩拳擦掌、跃跃欲试，好像要用眼神赢得对方一样。比赛开始了，双方都铆足了劲，使出全身力气向后拽。拔绳上的红丝条如一只翩翩起舞的蝴蝶，在中心线上方来回飞舞。（修辞之评：运用比喻，把"红丝条"比作"蝴蝶"，从"飞舞"看出，很形象，很恰当，反映出比赛的激烈）瞧，队员们各个面红耳赤，气喘吁吁，拽在绳子上的双手不断增加力气。（细节之评："面红耳赤""气喘吁吁""拽""增加力气"等表明比赛进入白热化）周围的同学拼命地喊着"加油！"，队伍里的选手们使出了吃奶的劲，可是那只"蝴蝶"还是保持着同样的姿势不停地挥舞着。现在进入了相持阶段，你不让我我不让你，大家都憋足了劲坚持着，比赛在继续……

微写2：看！比赛已经接近尾声，小耿和小军都气喘吁吁，黄豆大的汗珠顺颊而下。（细节之评："气喘吁吁""顺颊而下"等词语的运用可以看出比赛非常激烈，持续时间较长）比赛在继续，小耿发球，球划过一道完美的弧线，快速旋转落在对方球台，小军转动球拍，快速挥手，脚步滑动，身体快移，快速出手，最精彩的"杀球"，球被猛击又飞回小耿这边球台。（细节之评：这是"定点描写"，通过"划过""旋转""转动""挥手""滑动""快移""出手"等一连串的动作一气呵成，可以看出小作者就是一名高手。这是素养教育的结果，是学生全面发展的具体体现）你一下，我一下，球不停地在双方球台上穿梭着，似乎那球要被两人点燃一般。最终小耿挥臂一击，朝着对方球台右下角压来，小军脚步移动不及，球弹出了，小耿又赢一球。这场激烈的比赛还在继续，周围掌声不断响起，大家时不时评说着"精彩！"（矛盾之评：起始处"比赛已经接近尾声"，结尾处"这场激烈的比赛还在继续"前后矛盾，"接近尾声"也就是一个球的事，可是"小耿又

赢一球"，结尾处又说"比赛还在继续"，这样就不符合实际，应做调整）

（三）修改分享、微写升格

微写1：拔河比赛即将开始，双方队员已紧紧盯着对方，摩拳擦掌、跃跃欲试，好像要用眼神赢得对方一样。比赛开始了，铆足了劲的双方都使出全身力气，在各自指挥员的导引下有节奏地向后拽拉。拔绳上的红丝条如一只翩翩起舞的蝴蝶，在中心线上方来回飞舞。瞧，队员们个个面红耳赤，气喘吁吁，拽拉绳子的双手不断增加力气。加油声、指挥声、呼吸声，声声入耳，队员们使出了吃奶的劲，可是那只"蝴蝶"还是保持着同样的姿势不停地飞舞着，看不到大幅度移动。比赛进入相持阶段，你不让我我不让你，大家都憋足了劲坚持着……

微写2：看！小耿和小军都气喘吁吁，黄豆大的汗珠顺颊而下。小耿发球，球划过一道完美的弧线，快速旋转落到对方球台，小军转动球拍，脚步滑动，身体快移，挥拍出手，最精彩的"杀球"，球被猛击又飞回小耿这边球台。你一下，我一下，球不停地在双方球台穿梭着，似乎那球要被两人点燃一般。小耿大力挥臂一击，球朝着对方球台右下角压去，小军脚步移动不及，球弹飞出去，小耿又赢一球。这场激烈的比赛还在继续，周围掌声不断，大家时不时评说着："好球！""精彩、精彩"……

任务四：逻辑有序、托物言志

优秀作品一定是思路清晰，条理顺畅，前后关联，语句连贯，结构严密。

逻辑有序，就是让句子之间建立逻辑关系，由原因到结果，由主因到次因，由整体到局部，由特殊到一般；当然，也可以按照事物的时间变化、空间转换、起承转合来关联前后，使语序严谨、丰富，有层次，更有层级。行文前要三思而行，先罗列提纲，构成框架或设想清楚，打好腹稿，依照逻辑，后行文成章。

托物言志，是文章的整体手法，是运用象征、比喻、拟人、对比等手法，描绘客观事物某方面特征来表情达意或揭示主旨，实质就是通过某物体来比拟或象征某种精神、思想、品质、情感等，这一切都是建立在作者对某事物的特征细致观察、体验比较的基础上，进而准确揭示出所写事物的品质或品性来。

（一）经典回顾、方法指导

1. 我不由得停住了脚步。

从未见过开得这样盛的藤萝，只见一片辉煌的淡紫色，像一条瀑布，从空中垂下，不见其发端，也不见其终极。只是深深浅浅的紫，仿佛在流动，在欢笑，在不停地生长。紫色的大条幅上，泛着点点银光，就像迸溅的水花。仔细看时，才知道那是每一朵紫花中的最浅淡的部分，在和阳光互相挑逗。

……

花和人都会遇到各种各样的不幸，但是生命的长河是无止境的。我抚摸了一下那小小的紫色的花舱，那里满装生命的酒酿，它张满了帆，在这闪光的花的河流上航行。它是万花中的一朵，也正是由一朵一朵花，组成了万花灿烂的流动的瀑布。

在这浅紫色的光辉和浅紫色的芳香中，我不觉加快了脚步。

——摘自《紫藤萝瀑布》

[赏读]《紫藤萝瀑布》写于作者的弟弟身患绝症、自己深深受困于"生死谜、手足情"的痛苦之中，由于内心的痛苦和绝望，徘徊在庭院中，见被人杀戮的紫藤萝今日却枝繁叶茂、繁花盛开，看到流动着生命的紫藤萝，作者心中的忧虑、悲痛化为"精神的宁静和生的喜悦"。作者从形状（"像一条瀑布，从空中垂下，不见其发端，也不见其终极"）、气味（"淡淡的芳香，香气似乎也是淡紫色"）、光彩（"辉煌的淡紫色""紫色的大条幅上，泛着点点银光，就像迸溅的水花"）、神情（十年前的紫藤萝是依傍着枯槐，今天的紫藤萝自己有着粗壮的盘虬卧龙般的枝干）几个方面将花写成人，一切都与十年前截然不同，一种生命之歌在今天的庭院中奏响。赏花、忆花，作者自然从饱盛生命酒酿的花儿中领悟生命的真谛，这是一种超越了苦痛的平静和心

境的舒放。作者运用托物言志手法，通过精巧的结构、严密的逻辑、精美的语言，展现给读者别样的紫藤萝花。

2. 今年的丁香花似乎开得格外茂盛，城里城外，都是一样。城里街旁，尘土纷嚣之间，忽然呈出两片雪白，顿使人眼前一亮，再仔细看，才知是两行丁香花。有的宅院里探出半树银妆，星星般的小花缀满枝头，从墙上窥着行人，惹得人走过了，还要回头望。

城外校园里丁香更多。最好的是图书馆北面的丁香三角地，种有十数棵白丁香和紫丁香。月光下，白得潇洒，紫得朦胧。还有淡淡的幽雅的甜香，非桂非兰，在夜色中也能让人分辨出，这是丁香。

在我住了断续近三十年的斗室外，有三棵白丁香。每到春来，伏案时抬头便看见檐前积雪。雪色映进窗来，香气直透毫端。人也似乎轻灵得多，不那么混浊笨拙了。从外面回来时，最先映入眼帘的，也是那一片莹白，白下面透出参差的绿，然后才见那两扇红窗。我经历过的春光，几乎都是和这几树丁香联系在一起的。那十字小白花，那样小，却不显得单薄。许多小花形成一簇，许多簇花开满一树，遮掩着我的窗，照耀着我的文思和梦想。

古人诗云："芭蕉不展丁香结""丁香空结雨中愁"。在细雨迷蒙中，着了水滴的丁香格外妩媚。花墙边两株紫色的，如同印象派的画，线条模糊了，直向窗外的莹白渗过来。让人觉得，丁香确实该和微雨连在一起。

只是赏过这么多年的丁香，却一直不解，何以古人发明了丁香结的说法。今年一次春雨，久立窗前，望着斜伸过来的丁香枝条上一柄花蕾。小小的花苞圆圆的，鼓鼓的，恰如衣襟上的盘花扣。我才恍然，果然是丁香结！

丁香结，这三个字给人许多想象。再联想到那些诗句，真觉得它们负担着解不开的愁怨了。每个人一辈子都有许多不顺心的事，一件完了一件又来。所以丁香结年年都有。结，是解不完的；人生中的问题也是解不完的，不然，岂不太平淡无味了吗？

小文成后一直搁置，转眼春光已逝。要看满城丁香，需待来年了。

151

来年又有新的结待人去解——谁知道是否解得开呢?

——摘自宗璞《丁香结》

[**赏读**]丁香,花蕾结而不绽,诗词中多以喻愁结不解。文中"丁香结年年都有"一语双关,既指自然界中的丁香花结,也指人生中不顺心的事。生活不可能总是一帆风顺的,遇到不顺心的事是经常的,我们应该正视这些问题,把它看作生活有益的补充,这样,我们就会觉得充满乐趣。"结,是解不完的;人生中的问题也是解不完的,不然,岂不是太平淡无味了吗?"实写丁香花的形象,暗写寄托于丁香花的理念、志趣,创造出了一个深远的意境,以开阔的胸襟为今天的读者开创一个"丁香结"全新的艺术境界。

(二)创设情境、依法初写

情境:请同学们就自己熟悉的一景,写一个片段,表达特殊的情感。

微写1:到了晚上,更是别有一番情趣。天空慢慢变成了幕布,几颗明星也渐渐亮了起来;路灯亮了,楼房亮了,在街头最繁华处,有卖甜瓜、枸杞、鸭梨、红枣、爆米花、炸饼子、羊肉串、烤红薯、酿皮儿(感受之评:各种商品的名称是罗列不完的,可从种类或富有特色的角度进行交代,效果更突出),各种浓香混合在一起,一种味道淡了,另一种味道浓了。家人或好友相约围着热腾腾的小吃摊,说着快乐的事,吃着称心的餐。海喇都广场上,灯光扑朔迷离,如梦如幻,仿佛来到人间仙境,工作劳累了一天的人们领着孩子、带着家人,在曲调优美、节奏舒缓的轻音乐中散步、休闲、放松,也有观花、赏月、谈心、下棋、打台球、跳蹦蹦球的,这真是莫大的享受。(整体之评:这是城市晚间一幕,充满着喧闹、欢快与享受。这是幸福生活的写照,也是老百姓生活富裕的折射)

微写2:夜静悄悄的,风轻悠悠的,树上的蝉儿、月下的树影儿、细长的柳条儿、圆亮的银月(细节之评:"蝉儿""树影儿""柳条儿""银月"都咋样呢?没有写出特色来,缺少了家乡的味道,缺少了独特的味道)宁静而柔和的夏之夜来临了。这里是西北乡下的夜,宁静而和谐。忙碌一日的人们从屋里出来,站在明亮亮的月影中,舒活舒活

152

筋骨，活动活动腰背；围坐一圈，谈着收成，说着丰收。风儿轻轻拂过，擦干热汗，吹去劳累。农院内一会儿哗哗地朗笑，一会儿切切地私语，人们兴奋得不能入睡。这朗照的月色，因为诱人麦香的气息，因为软绵绵的夏风，因为颗粒饱满的收获，在这宁静而安逸的夏夜中，没有蚊虫的叮咬，没有污水的臭味，没有压抑的闷热，有的是清凉的微风，有的是迷人的月色，有的是这无与伦比的亲情欢语。这风似母亲的耳语，又似亲切的爱抚、柔弱的性情。（整体之评：这是乡村晚间一幕，到处是淳朴、宁静与和谐。如果能运用细节描写把乡村的美景呈现出来，效果就更好了。农村的老百姓享受着别样的幸福，这是人们用自己的双手创造的财富，是振兴乡村的伟大成果，更是党的恩惠普照的结果）

（三）修改分享、微写升格

微写1：到了晚上，更是别有一番情趣。天空慢慢变成了幕布，几颗明星也渐渐亮了起来，路灯亮了、楼房亮了，在街头最繁华处，叫出名字的、叫不出名字的货物、商品，应有尽有，无所不有。"这是越南的脆瓜"，"那是台湾的菠萝"，"这是贯彻落实我国'一带一路'政策的好处"。人们在谈论着，评说着。各种浓香混合在一起，一种味道淡了，另一种味道浓了；家人或好友相约围着热腾腾的小吃摊，说着快乐的事，吃着称心的餐。海喇都广场上，灯光扑朔迷离，如梦如幻，仿佛来到人间仙境，工作劳累了一天的人们领着孩子、带着家人，在曲调优美、节奏舒缓的轻音乐中享受生活，沐浴幸福，拥抱未来，这真是莫大的享受。

微写2：夜静悄悄的，风轻悠悠的，树上的蝉儿鸣着清脆婉转的曲子，展现着对夏夜的依恋；月下，婀娜多姿的树影儿婆娑着，细长柔软的柳条儿摆动着；明晰圆亮的银月慢慢地从东山飘起来，挂在树梢，悬在屋顶，注视着人间，宁静而柔和的夏之夜来临了。这里是西北乡下独有的夜晚，宁静而和谐。忙碌一日的人们从屋里出来，站在明亮亮的月影中，舒活舒活筋骨，活动活动腰背；围坐一圈，谈着收成，说着丰收。风儿轻轻拂过，擦干热汗，吹去劳累。农院内一会儿哗哗地朗笑，一会儿切切地私语，人们兴奋得不能入睡。这朗照的月色，因为诱人麦

153

香的气息，因为软绵绵的夏风，因为颗粒饱满的收获，在这宁静而安逸的夏夜中，没有蚊虫的叮咬，没有污水的臭味，没有压抑的闷热，有的是清凉的微风，有的是迷人的月色，有的是这无与伦比的亲情欢语。这风似母亲的耳语，又似亲切的爱抚、柔弱的性情，一切陶醉其中。

例文：多措并举、话事抒怀

例文1：

我的一天

"丁零零、丁零零……"6点，闹钟准时震响，我不耐烦地关掉它，闭上睡眼，又与周公聊起天来。这时，温暖而又柔软的被子被掀开，绝望的我大叫一声："不！"却见妈妈微笑着看我。睡意全无，匆匆洗漱，整理，上学。

新的一周开始了！一进教室，只见不少同学顶着昏昏欲睡的"熊猫眼"，我不禁"噗嗤"笑出声来，周末玩过头，昨晚定是打着"鸡血"补作业呢。呵呵，早知如此，何必当初呢！早读时，50多人的群体，发出的声音却如蚊虫哼哼一般，隔壁班级的读书声震耳欲聋，没有对比就没有差距，这也是班主任最头疼的事。

时间飞速地流逝着，有趣而又繁忙的上午时光就从笔尖溜走了。

下午第一节课，温暖的阳光倾洒教室，讲台上老师滔滔不绝，座位上同学与瞌睡相互厮杀。较量一番，两三个同学败下阵来，坐立的身体，左倾右斜，真担心他们会突然坍塌下来。更有甚者，有一个嘴巴还不停地咂巴咂巴，估计美梦要成真！正当老师悄悄接近他时，他竟然神游回归，做起笔记来，安然自得，似乎什么都没有发生……

晚自习后回到家，我奋笔疾书，可惜我既不是学霸，也不是学神，作业就像是块沉重的石头似的，压得我有些喘不过气来。各种疑难困惑，犹如黑暗调料一般混在夜宵里，吃进嘴里，有的是无尽的苦涩与交织的艰难。可爱的妈妈静坐在我书桌旁边的椅子上痴迷地读着她心爱的《内心如此强大》。屋内，可敬的妈妈、发亮的台灯、成堆的作业陪伴着我。我看了看入神的妈妈，又奋笔疾书！

23点了，挪动疲惫的身躯，趴在绵软的床上，就像掉进棉花糖里一般，回想着自己平淡而又忙碌的一天，嘴角不禁微微上扬，浅笑依然，闭上双眼，妈妈帮我盖好被子，我很快就进入了醉人的梦乡……

［评读］作者按照时间顺序，从6点到23点，共计17个小时，这么长的时间，他不是面面俱到，而是选取"清晨教室""午后课堂""晚间卧室"三个特定场景。行文结构严谨，语言流畅，通过多处的细节描写展现出一天的不同"风采"。结尾"嘴角不禁微微上扬，浅笑依然"表现出这一天的充实、任务完成的轻松、闭眼入睡的甜蜜，嘴角是幸福的微笑。其中"周一早晨"的这种现象，在数字化时代的今天，应引起我们高度的重视，只有家校共育，群策群力，互通共融才能迎接美好未来。

例文2（初写文）：

您是我的太阳

海原县第三中学　八年级（12）班　张木子

太阳，宇宙万物生存的主宰。月亮是众所周知的天体，但月亮本身不发光，它是反射太阳的光到人们的眼睛。而你就是我的太阳，我是你的月亮。

——题记

（题记之评：题记是写在文章题目下面，是正文之前的文字，题记可以指示或凸显文章的主旨及情感，激发读者的阅读兴趣，如题记中"太阳，宇宙万物生存的主宰。月亮是众所周知的天体，但月亮本身不发光，它是反射太阳的光到人们的眼睛。"这是众所周知的规律，表述得比较烦琐，可删，或"你就是我的太阳，我是你的月亮。"即可）

每个人的心中都有属于自己的一片蓝天，在那一片天空中，有火红的太阳，没有人能够胜任这个位置，也没有人能够代替这个太阳，而你就是我的太阳，一直用你耀眼的光辉无私地照耀着我。（"开头"之评：这段运用议论的表达方式，总领全文，作用是点题定位，可是语言不够简洁，不够有力）

记得，那时我的学习成绩不怎么好，总是挨骂，挨打，同学们总是嫌弃我学习成绩差，不爱和我玩。而当时懦弱的我，只能回到家，躲在被窝里，偷偷地抹眼泪。我每天从学校回来萎靡不振。你发现了我的不对劲，每天陪我一起学习，给我讲励志故事。你的出现使我的眼里充满希望，使我的生活温暖如春。从那以后，我开始发奋努力，学习到深夜，眼前总是浮动着你的面孔，我就更加发奋努力了。（"衔接"之评："我每天从学校回来萎靡不振"从中看出是"每天回家"，可是接下来的段落中说"结果第二周你来接我时"，又是周末回家，前后衔接有问题）（细节之评：文章中缺乏细节描写。我们知道，细节是"富有特色的细枝末节"，可以让人物的个性有血有肉，如父亲给你讲什么励志的故事？如何陪你学习的呢？应该写出来，才能感人）

后来，六年级了，班主任说我们正在用脑期，说要多吃核桃。所以回去要告诉你们买几斤核桃，一天吃上两三个。回家我像班主任似的向你报告了这个任务，并不指望健忘的你去买。第二天下午，我去了学校。结果第二周你来接我时，说你给我买了几斤核桃，记得天天吃，我当时很感动。你如太阳一般默默无私播撒着你的光辉，无私地照亮我这颗不会发光的月亮。你用太阳的光辉，笼罩着我迷茫的心灵，给了我无限的温暖。（"技法"之评：这段内容应该是文章重点叙述的内容，可是文中只是通过"我"的口述，没有语言、动作等描写，缺少感染力）

你是太阳，我是月亮，月亮围绕太阳转，太阳无私照亮月亮。

感谢你，我的太阳——爸爸！

我相信，在我的世界，我的太阳会永恒地存在着。

（结尾之评：结尾三段是议论内容，运用比喻的修辞手法，点明"父亲"在我心目中的分量及父亲的伟大）

[评读]文章通过写父亲陪我学习，给我讲故事，给我买核桃的事情，表现了父亲对孩子的关爱与照顾。文中写的事较多，但缺乏细节，缺乏对人物的细致刻画，只是独角戏，没有旁白，没有点缀，没有陪衬，显得很单调，缺乏感染力，致使文章很平淡，很普通。

例文3（升格文）：

您是我的太阳

海原县第三中学　八年级（12）班　张木子

众所周知，太阳，宇宙万物生存的主宰。同样，在我们的家庭中，爸爸，您就是太阳，滋养着我们健康快乐成长。

此时此刻的六年级，时间少、任务重、压力大，同学们的每根神经都绷得很紧，以至于有个别学生出现了头晕、呕吐、腹泻等不正常的反应，经验丰富的"老班"，看在眼里，急在心里。时不时带我们出去跑跑步，围坐一圈大声唱歌，同时告诫我们要放松心态，增强体质，补充营养，每天吃两三个核桃。也许"老班"知道，江苏台《最强大脑》栏目推出的"六个核桃"就是健脑的有力佐证吧。

好几周没有回家的我，一跨进家门，就被妈妈问长问短。她兴奋地说："再有两个月就小考了，坚持吧；我为你准备了好多营养品，你来看看！"我被眼前的一幕，惊呆了。牛奶、维生素、花生米、杨梅……足足摆放了一桌。妈妈特意拿过来一个黑色的塑料袋，对我说："到了学校，每天一小袋，这是一周的，记住了！"同时看着爸爸说："你的手，好点了吗？""没事，小儿科！"

妈妈解开了那个黑色的塑料袋，倒出7个小小的、有封口的手提袋，拉开封口，从里面倒出一小堆核仁。"这是你爸爸为你准备的特殊礼物。"停了一会儿妈妈接着说，"昨晚，他看电视，正好有位专家，谈论到即将考试的学生用脑子的问题，说核桃是很好的补脑营养品。他一听，当即就骑着摩托车赶到县城，买来10斤核桃。连夜剥核桃取核仁，可没打几个呢，就把自己的手指伤了个遍，你看，到现在左手的食指还渗着血呢……"这时，我才注意到爸爸的十根手指都包着创可贴……

小树苗扎根于大地，吸收养分，茁壮成长，终成参天大树；我的家庭，在您，这颗温暖"太阳"的照耀下，定能健康成长。

[评读] 全文共五段，中间的三段，都是叙事，首尾两段是"开头点题""议论升华"，结构严谨，布局合理。文章围绕着"核仁"，通过"核仁"这个载体，将考前解压、核桃补脑，家中支持、营养满地，

剥皮取仁、爱意满满的全过程清晰明了、情意暖暖地表现出来，同时刻画了一个有心人，真心疼爱自己孩子的父亲的形象，表达了我对父亲的感激之情。这是一个其乐融融的家庭、幸福快乐的家庭，这也正是我们今天所拥有的家庭生活，我们为生活在这样幸福快乐、充满阳光的社会环境中而感到骄傲与自豪。

例文4:

心灵深处的花朵

我循着记忆的长河，逆流而上，凉爽的微风透过摇曳的密叶，把清凉轻轻吹进我的心田，让我拾起那一路的喜怒哀乐。其中，那股热流，是甜甜的、暖暖的，在我的心中流淌，浇灌着那朵花。

两年前，一天下午，我与爸爸去参加音乐演唱会。其中就有我们老师的演出节目，老师出场了。只见她扬起双手，柔软的绣花绿纱袖从手腕轻轻滑落，露出嫩笋般的手臂，她踮起脚，做出留头似的旋转。这时，她像一只在空中飞旋的天鹅，又像在地面翩翩起舞的孔雀。老师那婀娜的身姿，仿佛与音乐融为一体；那柔软的身体衬托出了舞者高贵的美！我也被陶醉了，从此我便爱上了舞蹈。

"妈妈，我要学习舞蹈。""你能坚持吗？""一定能！"我参加课外舞蹈班学习。起初，动作比较简单，我跳得很兴奋，可是慢慢地那种兴奋劲儿减少了，我心想："这，太烦人了，不跳了！"没有了心劲，动作也跟不上节奏。爸爸说："你可是说要坚持的，半途而废可不行啊！"猛然眼前浮现出老师跳舞的情景，于是，我又接着练习。

在全校文化艺术节上，老师和同学们推荐我代表班级参加文艺汇演。马老师说："跳舞前要化妆。""是吗？这可是第一次。"内心无比激动。化完妆，我看着自己，像个戏剧演员，这是另类的美，挺好的，我喜欢。轮到我了，比赛开始，伴随着熟悉的旋律，我舞动着身躯，很快就从紧张的状态滑入舞蹈的世界。我尽情地舒展着，流畅地飘动着……音乐骤停，舞姿固定，随即掌声四起。我发挥得很完美，我的努力赢得成功，助长信心。

微风透过密叶，把清凉轻轻吹进我的心田，那股甜甜的、暖暖的、温温的热流，在我的心中流淌，浇灌着那朵花，让那朵花越开越艳。

[评读] 文章的开头，由"回忆"起步，再由环境描写引出心灵深处的"花朵"，情感是欣喜的、幸福的。开篇点题定位；文章的主体部分，先交代爱上舞蹈的原因，接着是学习舞蹈，最后通过学校的文化艺术节的展演，得到了大家的肯定，也受到了鼓舞；结尾再运用环境描写，与开头照应，让心中的"那朵花越开越艳"，升华主题。全文语言流畅，结构合理，是一篇成功的叙事记叙文。从文章所选事例可以看出，学生的兴趣爱好向着多元化、多品位方向发展，这是素质教育的结果。

例文5：

那次，我真幸福

海原县第三中学　八年级（1）班　郭嘉荣

爱，或许是"十年生死两茫茫，不思量，自难忘"的丧偶之疾首痛心；抑或是"遗民泪尽胡尘里，南望王师又一年"的恋国之夜不能寐；更是"儿行千里母担忧"的爱子之思绪如潮。它也许只是一声问候，一句道别，一个眼神，一话离愁……

放学了，窗外乌云密布，雷声轰鸣。要下雨，我便草草收拾书包奔出教室，我的步子加快、加急。一声响雷、一阵狂风，使我的眼睛也睁不开。心中想起爸爸说的一句话，"风是雨的头"。看来要下雨。此时，风已停，雨点已滴落到脸上，柔柔的、滑滑的。顷刻间，雷公怒吼，大雨倾盆，我被淋得浑身湿透，跑到一家店铺的屋檐下避雨。夏雨，来得快去得也快，在零星雨点中，我踏上归途。

可不晓得，一不留神，踩进小水洼，既崴了脚，又被重重摔倒在地。脚踝疼痛难忍，手掌被蹭破皮，渗出鲜血。我揉捏着脚踝，稍做停留，使劲站起，一瘸一拐地艰难地向着家的方向前行。走一步、停两步，靠着墙，凭着毅力，来到家门口。我颤颤巍巍地敲响家门，声音很微弱，就连我都听不见。可是门开了，妈妈站在门口，看着我的狼狈样，急切地询问："你，今儿咋回来这么晚，怎么了？"

看着我狼狈的模样，妈妈顿时紧张起来："摔哪了？伤势如何？我看看！""没事，皮外伤。不过脚崴了，这会儿好多了。"妈妈拉着我的手进家门。坐在沙发上，校裤撕破了一个长长的口子，拉起裤腿，脚踝处青肿一大片。妈妈随即拿出跌打药水，往我伤口上喷洒，还轻轻地吹着，"儿子，疼吗？"此时，一股暖流流进心房，萦绕心间，这是幸福的暖流，是温暖的疼爱！

青肿会散去，伤口会愈合，事情会过去，可是那股内心的暖流弥留心间，驻足心房，幸福永存，铭心镂骨！

[评读] 文章作者写了"我"放学回家途中在暴雨中前行，雨后不小心踩进水洼，不仅崴了脚，还重重地摔倒，脚踝疼痛，手掌蹭破，拖着狼狈回到家中。妈妈紧张了，查看伤口，拿出跌打药水，喷洒伤口。整个写作过程有环境描写、动作描写和语言描写，通过一个个的细节描写，表现了妈妈疼爱儿子、关心儿子。这是幸福的暖流，这是港湾的怀抱，更是家庭的温暖。

例文6：

自信的人总是优秀的

海原县回民中学 九年级（5）班 哈蓉

自卑的人选择了悲观，自负的人选择了孤傲，自信的人选择相信自己。这是不同的人们在人生岔道口所做出的不同选择，所产生的结果自然也不同。

运动场是运动员挥洒激情、展示风采、张扬个性的地方。很不幸，不善于运动的我也成了运动员。在听到这个消息时，我抓耳挠腮，内心崩溃。"我不行"的声音在耳边回响，始终不停。体弱多病的我从小就疏于锻炼，上了初中，身体好多了，可跑步很少，更别说是长跑了，可偏偏"厄运"从天而降。有同学告诉我，我被选准的原因就在于身高腿长，再者就是我是每天课间跑动最"欢"的那位，我哭了。

妈妈知道后，没有急切，没有抱怨，只是笑着说："没事，重在参与。总要接受自己的不好，面对它，要自信，尽最大的努力去迎接挑战。"于是，在操场上又多了一个努力奋斗的身影。每天坚持跑步一小时，好友也陪同我一起跑。他告诫我说："跑步前要拉拉筋、压压腿，之后再起跑；跑结束后不要急于停下来，还要放慢走走，这样既不伤身，还有利于身体健康。"

一周后，运动会如约而至。八百米的跑道上，我努力奔跑，汗如雨下，体力渐渐透支，可是我不能停！我拖着沉重的步伐向前努力奔跑，我告诉自己，这是在超越自己。望着几十米外的终点线，我咬了咬牙，在同学们的呐喊声中，尽最后的力气冲了过去。虽然没有获得奖次，但我没有掉队，跑出来了。从那以后，被傍晚几缕阳光照射的红色跑道上，又多了一个被拉得很长很长的影子。

之后的日子，每天我都坚持跑步，体能增强，信心满满，每当跑步比赛时，我第一个报名参加。老师说："体育能让我们挑战自我，超越自我，不断克服困难，增强自信，你是有为青年。加油，努力！"

[评读] 文章通过不同的人生选择会走出不同的人生道路，开篇点题。接着由不善于运动的"我"被确定为班级的赛跑选手入手，讲述了我体弱多病，不善跑步，踌躇满志；妈妈鼓励，操场锻炼，朋友告诫；运动会如约而至，赛场上，我努力奔跑，超越自我，冲向终点；收获自信，坚持跑步，改变人生，正如老师所说"我们是有为青年"。文中运用心理、动作、语言等描写，刻画了一个由害怕、胆怯到勇敢、坚持，从而赢得自信的人物形象。这是心路成长的过程，更是赢得自信，阳光面对生活的写照。

观察景物　学习描写
——写景的层级读写与例文

核心任务：撰写一篇我们所在地四季的景色、抒发自己独特情感的文章。

任务一：多种感官、多彩景物

写景文，从身边熟悉的景物入手，调动自身的各种感觉器官（视觉、嗅觉、听觉、触觉、味觉）去描写景物特征，并将这几种感知方式有机结合起来，多层次、多侧面对景物进行描绘。这样写可以全方位展示景物特征，使景物有声有色，描写内容丰富，能紧紧抓住读者的阅读欲望，使读者有身临其境之感。

（一）经典回顾、方法指导

1. 桃树、杏树、梨树，你不让我，我不让你，都开满了花赶趟儿。红的像火，粉的像霞，白的像雪。花里带着甜味儿；闭了眼，树上仿佛已经满是桃儿、杏儿、梨儿。花下成千成百的蜜蜂嗡嗡地闹着，大小的蝴蝶飞来飞去。野花遍地是：杂样儿，有名字的，没名字的，散在草丛里，像眼睛，像星星，还眨呀眨的。

"吹面不寒杨柳风"，不错的，像母亲的手抚摸着你。风里带来些新翻的泥土的气息，混着青草味儿，还有各种花的香，都在微微润湿的空气里酝酿。鸟儿将窠巢安在繁花嫩叶当中，高兴起来了，呼朋引伴地卖弄清脆的喉咙，唱出婉转的曲子，与轻风流水应和着。牛背上牧童的短笛，这时候也成天在嘹亮地响。

——摘自朱自清《春》

[**赏读**]"春花图"中颜色上呈现百花绚烂，味道上突出"甜味儿"，声音中是"成千成百的蜜蜂嗡嗡地闹着"，通过视觉、味觉、听觉等多种感官，生动形象地描绘了惹人喜爱的"春花图"。"春风图"中描写的春风虽然是无形的，但可以调动多种感觉器官进行详细的描绘，如触觉"像母亲的手抚摸着你"、视觉"鸟儿""窠巢""繁花嫩叶""牛""牧童""短笛"、嗅觉"泥土的气息""青草味儿""各种花的香""微微润湿的空气"、听觉"婉转的曲子""轻风流水""嘹亮地响"等，所写景物生动形象，给人身临其境之感。

2. 春天最美是黎明。东方一点儿一点儿泛着鱼肚色的天空，染上微微的红晕，飘着红紫红紫的彩云。

夏天最美是夜晚。明亮的月夜固然美，漆黑漆黑的暗夜，也有无数的萤火虫翩翩飞舞。即使是蒙蒙细雨的夜晚，也有一只两只萤火虫，闪着朦胧的微光在飞行，这情景着实迷人。

秋天最美是黄昏。夕阳斜照西山时，动人的是点点归鸦急急匆匆地朝窠里飞去。成群结队的大雁，在高空中比翼而飞，更是叫人感动。夕阳西沉，夜幕降临，那风声、虫鸣，听起来也愈发叫人心旷神怡。

——摘自清少纳言《四季的美》

[赏读]作者通过视觉（"鱼肚色的天空，染上微微的红晕，飘着红紫红紫的彩云""漆黑漆黑的暗夜""萤火虫翩翩飞舞"）、听觉（"风声、虫鸣，听起来也愈发叫人心旷神怡"）等多种感觉器官，运用简洁的语言，展现了一幅幅优美的画面，令人赏心悦目，欣喜如春。

（二）创设情境、依法初写

情景：刚上初中，走进新校园，走进新教室，见到新老师，结识新同学，你一定有许多新的见闻、感受和想法吧？请选择某个方面，把它写下来，字数在200字左右。

微写1：太阳露出鱼肚白，鸟儿唱起晨歌，沉睡的校园从笼罩着薄纱般的晨雾中醒来了。（首句之评："露出""唱起""醒来"一系列动作，运用拟人的修辞手法，揭开了校园清晨的序幕。）黄灿灿的迎春花，在料峭的晨风中摇曳，尽显风姿；精致可爱的桃花，像红润着小脸蛋的新生婴儿，胖嘟嘟的；墨绿的松树枝上钻出一束束嫩绿的小针针；（修辞之评："精致可爱的桃花，像红润着小脸蛋的新生婴儿，胖嘟嘟的"，其中把"桃花"比作"新生婴儿"，再加上一个"胖嘟嘟"，既形象又可爱）（运用感官之评：松树枝上"钻出一束束嫩绿的小针针"，这是视觉感官，如果再增添触觉感官，效果会更好，如"手摸上去痒酥酥的"）枯黄的草皮上嫩芽迫不及待地钻出土层，嫩嫩的，绿绿的。陆续到校的学生，让校园从宁静来到热闹，跑步的学生，步履矫健，英姿飒爽；篮球被熟练地传递着，优美而富有变化的动作，让围观者欢呼雀跃；跳绳有规律地在手腕转动，小燕子般轻快跳跃着，赢得啧啧的赞美。（整体之评：通过视觉、触觉、听觉等多种感官给我们呈现出一个充满活力、生机盎然的早春校园景象）

微写2：教室的前面，是每周五星红旗升起的地方，在那里，有许多的绿色和红色，抬头挺胸屹立着，犹如国防战士守护祖国边疆般严肃庄重；（眼前物之评："绿色"和"红色"两种色，有些单调；如果围绕五星红旗展开叙述，意境就更开阔）再远点，就看到了高大的建筑物，在它们周围，春姑娘也没有忘了撒下春天的种子，让那些高大的建筑物在蔚蓝的天空之下，在"绿环"之中显得更加耀眼，而那耀眼的一点就是校园的一角。（整体之评：只有"视觉"感官，没有运用多种感官，这不符合"多种感官、写活景物"的训练策略与方法）

（三）修改分享、微写升格

微写1：太阳露出鱼肚白，鸟儿唱起晨歌，沉睡的校园从笼罩着薄纱般的晨雾中醒来了。黄灿灿的迎春花，在料峭的晨风中摇曳，尽显风姿；精致可爱的桃花，像红润着小脸蛋的新生婴儿，胖嘟嘟的；墨绿的松树枝上钻出一束束嫩绿的小针针，手摸上去痒酥酥的；枯黄的草皮上嫩芽迫不及待地钻出土层，嫩嫩的，绿绿的。陆续到校的学生，让校园从宁静来到热闹，跑步的学生，步履矫健，英姿飒爽；篮球被熟练地传递着，优美而富有变化的动作，让围观者欢呼雀跃；跳绳有规律地在手腕转动，小燕子般轻快跳跃着，赢得啧啧的赞美。教室里，这儿喃喃细语，那儿高声诵读；这边激烈争论，那边指画点拨……此时的校园，是奔放的，狂欢的，彰显着生命的活力。

微写2：教室的前面，竖立着18米高的旗杆，这是每周五星红旗升起的地方。在它周围，有一排红、橙、黄、绿、蓝等彩旗，组成旗帜方队，它们昂首挺胸屹立国旗旁，迎风"沙沙"作响，犹如国防战士守护祖国边疆般严肃庄重；远处，就能看到学校的试验田，春姑娘也没有忘了撒下春天的种子，同学们也在播种希望，"种一株家乡的香水梨枝，我们也培育培育""西红柿秧苗种这儿"……似乎风里带着甜味儿，一下子就能吃到梨儿、柿儿，他们兴奋地规划着，设计着；更远点，那些高大的建筑物在蔚蓝的天空之下、在"绿环"之中显得更加耀眼，而那耀眼的一处就是校园的瞭望台，站在台上，全城尽收眼底。

任务二：修辞语言、丰厚景物

春天，春风唤醒大地，各种各样的花儿散在草丛里，将大地点缀得花团锦簇、五彩缤纷，写文章恰当使用修辞手法，可增强文章的美感，达到妙笔生花的效果。

运用修辞手法是景物描写最常见的写法，不但让所描绘的景物生动形象，极富感染力，也使景物特点不但形似，而且神似，能充分地表达出作者的情感。

比喻、拟人是两种最常见的修辞手法，两者配合使用，使语言更集中、更突出、更感人。

（一）经典回顾、方法指导

1. 设若单单是有阳光，那也算不了出奇。请闭上眼想：一个老城，有山有水，全在蓝天下很暖和安适地睡着，只等春风来把他们唤醒，这是不是个理想的境界？

小山整把济南围了个圈儿，只有北边缺着点口儿。这一圈小山在冬天特别可爱，好像是把济南放在一个小摇篮里，它们全安静不动地低声地说："你们放心吧，这儿准保暖和。"真的，济南的人们在冬天是面上含笑的。他们一看那些小山，心中便觉得有了着落，有了依靠。他们由天上看到山上，便不觉地想起："明天也许就是春天了吧？这样的温暖，今天夜里山草也许就绿起来了吧？"就是这点儿幻想不能一时实现，他们也并不着急，因为有这样慈善的冬天，干啥还希望别的呢！

——摘自老舍《济南的冬天》

[赏读] 济南，这老城"暖和安适地睡着，只等春风来把他们唤醒"；周围的小山含情脉脉；"小山整把济南围了个圈儿，只有北边缺着点口儿"中的"围"富有动感，富有情态；"小山在冬天特别可爱，好像是把济南放在一个小摇篮里"，"围个圈儿"比作"小摇篮"，既形象又可爱；"它们全安静不动地低声地说：'你们放心吧，这儿准保暖和。'"语言中流淌着温情、饱含着感情，诵读着这样的语言，也是美的享受，既有比喻又有拟人，生动形象地刻画出济南的神奇。

2. 好像炉子上的一锅水在逐渐泛泡、冒气而终于沸腾一样，山坡上的芊芊细草长成了一片密密的厚发，林带上的淡淡绿烟也凝成了一堵黛色长墙。轻飞曼舞的蜂蝶不见了，却换来烦人的蝉儿，潜在树叶间一声声的长鸣。火红的太阳烘烤着一片金黄的大地，麦浪翻滚着，扑打着远处的山，天上的云，扑打着公路上的汽车，像海浪涌着一艘艘舰船。金色主宰了世界上的一切，热风浮动着，飘过田野，吹送着已熟透了的麦香。那春天的灵秀之气经过半年的积蓄，这时已酿成一种磅礴之势，在田野上滚动，在天地间升腾。夏天到了。

夏天的色彩是金黄的。按绘画的观点，这大约有其中的道理。春之色为冷的绿，如碧波，如嫩竹，贮满希望之情；秋之色为热的赤，如夕阳，如红叶，标志着事物的终极。夏正当春华秋实之间，自然应了这中性的黄色——收获之已有而希望还未尽，正是一个承前启后、生命交替的旺季。你看，麦子刚刚割过，田间那挑着七八片绿叶的棉苗，那朝天举着喇叭筒的高粱、玉米，那在地上匍匐前进的瓜秧，无不迸发出旺盛的活力。这时她们已不是在春风微雨中细滋慢长，而是在暑气的蒸腾下，蓬蓬勃发，向秋的终点做着最后的冲刺。

——摘自梁衡《夏感》

［赏读］"好像炉子上的一锅水在逐渐泛泡、冒气而终于沸腾一样"，把盛夏的炎热通过具体可感的变化过程形象地展现给读者；"密密的厚发""黛色长墙"具体可感，形象生动；"麦浪翻滚着，扑打着远处的山，天上的云，扑打着公路上的汽车，像海浪涌着一艘艘舰船"，"滚动""升腾"的夏天是奔放的，是盛大的，它们气势磅礴，波澜壮阔。春之色为冷的绿，如碧波，如嫩竹；秋之色为热的赤，如夕阳，如红叶，通过"春""秋"色彩的对比与映衬，突出夏的"金黄"，夏是"承前启后、生命交替"的季节。"挑着""举着""前进""迸发""冲刺"犹如万米赛跑，踩着旋律，积蓄力量，冲向终点。作者运用多种修辞写夏，无论是描绘色彩，还是描摹形态，都表现出夏的激情与活力，前后格调一致，和谐美丽。

（二）创设情境、依法初写

情景：选择自己熟悉的家乡一处美景，运用"修辞语言、妙化景物"的方法写一个片段，200字以内。

微写1：微风抚摸着香水梨叶子，叶子微笑着，叶上清晰可见的露珠也微笑着，它们晶莹剔透，阳光灿烂，这些调气的小精灵，相互说着悄悄话哩！"春风赐给了我们幸福的身躯，我们要美化世界噢。"（修辞之评："摸着""微笑""说着悄悄话"运用拟人的修辞；把"露珠"比作"调气的小精灵"写出了露珠的可爱、活泼）用手指轻轻地与它们打招呼，那最活跃的一颗快速跑起来，躲进另一颗露珠中。我笑了，原来，露珠也害羞，迅速躲起来了。（感觉之评：清晨树叶上有很多"露珠"，轻轻地触动后，它会迅速滑动，与另一颗汇合，集成更大的露珠，滴落。此处把这个细节通过拟人化的手段，形象地展现出来了，点赞！）

微写2：家乡的雪来得早，苹果还挂在枝头，玉米还屹立田间，菊花正迎风绽放，她就迫不及待地不请自到，犹如天女下凡，也如顽皮精灵。（修辞之评："迫不及待""不请自到"运用拟人修辞；"犹如天女下凡，也如顽皮精灵"运用比喻修辞）它挂在树梢，树梢变青了，飘到肩头，肩头微笑了，散落地上，瞬间躲进大地的怀抱。（体验之评："青了""笑了""躲进"，还可以再写写其他物的变化，如"玉米颗粒饱满了""菊花绽放雄姿"等，更能体现出雪来后大地的变化）他们总觉得打扰了大家的散步、晨梦而不好意思。他们知道他们是先行者，是隐身侠，理应带给大家的就是惊喜。只有这场雪，才会让人们穿上冬装，迎接贵宾的到来。有时，这些可爱的精灵躲起来了，只有映着灯光才能看到他们的身影，他们太淘气了。（体验之评：北方的雪丝儿，犹如南方的毛毛雨，顺着阳光才能看到它们的身影，滴到地上，看不到任何变化，听不到任何响声）

（三）修改分享、微写升格

微写1：微风抚摸着香水梨叶子，叶子微笑着，叶上清晰可见的露珠也微笑着，它们晶莹剔透、阳光灿烂，这些调气的小精灵，相互说着悄悄话哩！"春风赐给了我们幸福的身躯，我们要美化世界噢。"用手指轻轻地与它们打招呼，那最活跃的一颗快速跑起来，躲进另一颗露珠中，犹如含情脉脉的大姑娘，羞答答的。我笑了，原来，露珠也怕羞，迅速躲起来了。

微写2：家乡的雪来得早，苹果还挂在枝头，玉米还屹立田间，菊花正迎风绽放，她就迫不及待地不请自到，犹如天女下凡，也如顽皮精灵。它挂在树梢，树梢变青了；飘到肩头，肩头微笑了；站在玉米顶，玉米饱满了；钻进菊花袖套里，菊花绽放容姿；散落地上，瞬间躲进大地的怀抱。他们总觉得打扰了大家的散步或晨梦而不好意思。他们是先行者，是隐身侠，理应带给大家的就是惊喜。只有这场雪，才会让人们穿上冬装，迎接贵宾的到来。有时，这些可爱的精灵会躲起来，你怎么也找不到，这不，只有映着灯光才能看到他们的身影，他们太淘气了。

任务三：用中心句、描摹景物

概括文段主要（关键）内容的句子就是中心句（关键句），语段中围绕中心句来写的句子是辅助句。运用中心句写景，能让所描写的景物特点鲜明，层次清晰。

中心句的位置一般在语段句首（总领全文、总述全文），语段中间（承上启下、起承转合），语段结尾（总结全文、归纳全文），起强调和增强印象作用，在段首或段尾更多些。

中心句处于文段的"领导"地位，便于读者阅读时迅速把握文段中心。写景时按照中心句来写景，景物特点就更清晰与明了，更容易把握与理解。

（一）经典回顾、方法指导

1. ①而夏天，就更是别有一番风情了。②夏天的雨也有夏天的性格，热烈而又粗犷。③天上聚集几朵乌云，有时连一点雷的预告也没有，你还来不及思索，豆粒大的雨点就打来了。④可这时雨并不可怕，因为你浑身的毛孔都热得张开了嘴，巴望着那清凉的甘露。⑤打伞，戴斗笠固然能保持身上的干爽，可光头浇，洗个雨澡更有滋味，只是淋湿的头发、额头、睫毛滴着水，挡着眼睛的视线，耳朵也有些痒嗦嗦的。⑥这时，你会更喜欢一切。⑦如果说，春雨给大地披上美丽的衣裳，而经过几场夏天的透雨的浇灌，大地就以自己的丰满而展示它全部的诱惑了。⑧一切都毫不掩饰地敞开了。⑨花朵怒放着，树叶鼓着浆汁，数不清的杂草争先恐后地成长，暑气被一片绿的海绵吸收着。⑩而荷叶铺满了河面，迫切地等待着雨点，和远方的蝉声、近处的蛙鼓一起奏起夏天的雨的交响曲。

——摘自刘湛秋《雨的四季》

[赏读] 夏雨的性格（特点）是"热烈而又粗犷"，这是中心句。后面的内容（辅助句）都是围绕这个句子进行描绘。第③句"聚集几朵乌云"没有"雷的预告"就有了"豆粒大的雨点"，这是对夏雨的直接（正面）描写；第④句中"巴望着那清凉的甘露"，第⑤句"洗个雨澡却更有滋味"等都是写人的感受；第⑦句"夏天的透雨的浇灌，大地就以自己的丰满而展示它全部的诱惑了"，第⑨句"花朵怒放着，树叶鼓着浆汁，数不清的杂草争先恐后地成长"，第⑩句"荷叶铺满了河面""远方的蝉声、近处的蛙鼓"这是从动植物的间接（侧面）描写来写夏雨。

2.①当田野染上一层金黄，各种各样的果实摇着铃铛的时候，雨，似乎也像出嫁生了孩子的妇人，显得端庄而又沉静了。②这时候，雨不大出门。③田野上几乎总是金黄的太阳……④成熟的庄稼等待收割，金灿灿的种子需要晒干，甚至红透了的山果也希望最后的晒甜。⑤忽然，在一个夜晚，窗玻璃上发出了响声，那是雨，是使人静谧、使人怀想、使人动情的秋雨啊！⑥天空是暗的，但雨却闪着光；田野是静的，但雨在倾诉着……⑦也许，在人们劳累了一个春夏，收获已经在大门口的时候，多么需要安静和沉思啊！⑧雨变得更轻，也更深情了，水声在屋檐下，水花在窗玻璃上，会陪伴着你的夜梦。⑨如果你怀着那种快乐感的话，那白天的秋雨也不会使人厌烦。⑩你只会感到更高邈、深远，并让凄冷的雨滴，去纯净你的灵魂，而且一定会遥望到一场秋雨后将出现的一个更净美、开阔的大地。

——摘自刘湛秋《雨的四季》

[赏读] "秋雨"和"夏雨"一样，都是围绕中心句来写景。"秋雨"的特点（性格）是"端庄又沉静"。第②句"雨不大出门"正面写雨；第③句"金黄的太阳"侧面烘托；第④句"庄稼""种子""山果"从植物的角度烘托；第⑤⑥句正面写雨；第⑦句"多么需要安静和沉思啊"这是人们的感受；第⑧⑨⑩句都写人的感受。

3. ①绝句该吟该诵，或添几个衬字歌唱一番。②蝉是大自然的一队合唱团；以优美的音色，明朗的节律，吟诵着一首绝句，这绝句不在唐诗选，不在宋词集，不是王维的也不是李白的，是蝉对季节的感触，是它们对仲夏有共同的情感，而写成的一首抒情诗。③诗中自有其生命情调，有点近乎自然诗派的朴质，又有些旷远飘逸，更多的时候，尤其当它们不约而同地收住声音时，我觉得它们胸臆之中，似乎有许多豪情悲壮的故事要讲。④也许，是一首抒情的边塞诗。

——摘自简媜《夏之绝句》

[赏读] 文章首段"夏天，像一首绝句"总领全文。选文第①句从"绝句"正面描写；第②③句从夏天特有的"蝉"身上侧面烘托；第④句用"是一首抒情的边塞诗"进行概括总结，照应开头，遥相呼应。

（二）创设情境、依法初写

情景：请以"我眼中的家乡"为题，运用"用中心句、描摹景物"的方法，进行片段写作，200字左右。

微写1：家乡的早晨是一幅美丽的风景画：清晨，太阳公公还躲在山的那边，那圆润欲滴的露珠们，晶莹透亮，小精灵般，好奇地张望着。（语言运用之评："好奇地张望"这是一个偏正短语，放在此处句子结构不完整，可调整为"好奇地张望着崭新的世界"）路旁五颜六色的野花睁开它们蒙眬的睡眼，呼吸着清新的空气。小河流水嘻嘻哈哈地向前奔跑，一会儿奔起来去亲亲岸边的花草，一会儿又蹲下去轻轻抚摸河底的卵石。鸟儿在树枝头唱着歌……渐渐地，东方布满了火一样的朝霞，整个家乡被美丽的朝霞覆盖着，仿佛披上了美丽的婚纱……（整体之评：都围绕着"家乡的早晨是一幅美丽的风景画"这个中心句来写景；有动植物的描写，如再加入"人"这个因素，景物就丰满了，灵动了，这幅画就更有了观赏性）

微写2：家乡的黄昏是秀美的。瞧，那太阳公公走完一天的旅程，可还恋恋不舍地不肯回去，偷偷地探出半边脸儿凝视着这美丽可爱的家乡。天边的晚霞像一团团火焰在燃烧，把那一小块天烧得通红。白云一会儿像一匹匹奔驰的野马，一会儿像引吭高歌的公鸡，举手之间，形态各异，变化多端。然而，太阳公公实在太累了，慢慢进入了大山的怀抱，依着大山进入了甜蜜的梦乡……（整体之评：中心句为"家乡的黄昏是秀美的"，其中"黄昏"的时间段是"日落以后，还没有完全黑的这段时间"，所以，这句"瞧，那太阳公公走完一天的旅程，可还恋恋不舍地不肯回去，偷偷地探出半边脸儿凝视着这美丽可爱的家乡"应做调整；"公鸡"与"野马"不匹配，可把"公鸡"换成"雄狮"。为了不落俗套，可用"颜色"，侧面进行烘托，写出"秀美"来）

（三）修改分享、微写升格

微写1：家乡的早晨是靓丽的，它是风景画。太阳公公在洗漱，还没有走出家门，圆润欲滴的露珠们，个个晶莹透亮，小精灵般，好奇地张望着崭新的世界；五颜六色的野花睁开蒙眬的睡眼，呼吸着清新甜美的空气，无限遐思着；嘻嘻哈哈的流水与河岸嬉戏，一会儿跳起来亲亲岸边的花草，一会儿又蹲下去轻轻抚摸河底的鹅卵石；树梢的鸟儿，练习着晨起的第一首曲子……渐渐地，东方布满了火一样的朝霞，整个家乡被美丽的朝霞覆盖着，犹如即将出阁的大姑娘披上美丽的婚纱，人们起来了，开始了一天忙碌的工作……

微写2：家乡的黄昏是秀美的，它是水彩画。瞧，太阳公公走完12小时的旅程，还恋恋不舍地不肯回去，抻出头来还依恋着美丽可爱的家乡。西方天边的晚霞像团团火焰燃烧着，把周围映得通红；云朵忽而像扬尘奔驰的野马，忽而像昂首挺胸的雄狮……形态各异，变化多端。落日的酡红淡了、浅红也淡了，那青黛的远山也被夜色点缀得分外艳丽；月亮升起来了，迷人的夜空出现了……

例文：观察景物，学习描写

例文1（初写文）：

我眼中的家乡

海原县第三中学　九年级（11）班　马瑛瑛

家乡的天是一块儿从深海中裁剪出的蔚蓝；家乡的风是少女长长的睫毛微动地轻柔呼吸；家乡的大地是绿色的大绒毯，绿得可爱，绿得亲切；家乡的声音，是一串串优美灵动的音符……

家乡的早晨是一幅美丽的风景画：清晨，太阳公公还躲在山的那边，那圆润欲滴的露珠们个个晶莹透亮，小精灵般，好奇地张望着。路旁五颜六色的野花睁开它们蒙眬的睡眼，呼吸着清新的空气。小河流水嘻嘻哈哈地向前奔跑，一会儿跳起来亲亲岸边的花草，一会儿又蹲下去轻轻抚摸河底的鹅卵石。鸟儿在树枝头唱着歌……渐渐地，东方布满了火一样的朝霞，整个家乡被美丽的朝霞覆盖着，仿佛披上了美丽的婚纱……

家乡的黄昏是秀美的。瞧，那太阳公公走完一天的旅程，可还恋恋不舍地不肯回去，偷偷地探出半边脸儿凝视着这美丽可爱的家乡。天边的晚霞像一团团火焰在燃烧，把那一小块天烧得通红。白云一会儿像一匹匹奔驰的野马，一会儿像引吭高歌的公鸡，举手之间，形态各异，变化多端。然而，太阳公公实在太累了，慢慢进入了大山的怀抱，依着大山进入了甜蜜的梦乡……

家乡的夜空是可爱的。在幽蓝的天幕上，明月如白玉盘映射出银色的光辉，引起我无限的遐想。星星们悄悄地使着劲儿，眨呀眨呀地，跟明月凑在一块儿聊天。那星星格外可爱，那明月又是格外的温柔，它们静静地站在那里，闪耀着纯洁的光芒。曾经在多少地方看到过夜晚的星空，但怎么就没有一个星空像家乡的星空这样，给人一种亲切的感觉呢！

家乡，我为你祈祷，为你祝福，愿你永远像悠然的梦一样美丽。

[评读] 文章从家乡的"天、风、大地、声音"等起步，可从首段"开篇点题定位"的作用而言，没有起到"统领全文"的作用；主体部分的三个片段中的第一处，"风景画"是事物，文中运用比喻的修辞手法，把"早晨"比作"风景画"，后面两处"秀美的""可爱的"是家乡"黄昏""夜空"的特征，没有使用修辞，从三者的结构布局而言，是不合适的，应做调整；结尾部分，过多的是表达了自己的美好祝愿，欠缺拓展与提升等。

例文2（升格文）：

我眼中的家乡

海原县第三中学　九年级（11）班　马瑛瑛

记忆的小舟，划进时光的流水，旖旎在流转的波光中，漾起层层涟漪。家乡诱人的画面轻轻地浮现眼前，它是靓丽的，秀美的，可爱的……

家乡的早晨是亮丽的，它是山林风光图。太阳公公在洗漱，还没有走出家门，圆润欲滴的露珠们，个个晶莹透亮，小精灵般，好奇地张望着崭新的世界；五颜六色的野花睁开蒙眬的睡眼，呼吸着清新甜美的空气，无限遐思着；嘻嘻哈哈的流水与河岸嬉戏，一会儿跳起来亲亲岸边的花草，一会儿又蹲下去轻轻抚摸河底的鹅卵石；树梢的鸟儿，练习着晨起的第一首曲子……渐渐地，东方布满了火一样的朝霞，整个家乡被美丽的朝霞覆盖着，犹如即将出阁的大姑娘披上美丽的婚纱，走进大花轿……

家乡的黄昏是秀美的，它是田园浓彩图。瞧，太阳公公走完12小时的旅程，还恋恋不舍地不肯回去，露出半边脸儿依恋着这美丽可爱的家乡。西方天边的晚霞像团团火焰燃烧着，把周围映得通红；云朵忽而像扬尘奔驰的野马，忽而像昂首挺胸的雄狮……形态各异，变化多端。落日的酡红淡了、浅红也淡了，那青黛的远山也被夜色点缀得分外艳丽；月亮升起来了，迷人的夜空出现了……

家乡的夜空是可爱的，它是乡村星光图。在幽蓝的天幕上，明月如白玉盘映射出银色的光辉，引人遐想；星星们悄悄地使着劲儿，眨呀眨呀地，跟明月凑在一块儿聊天、嬉戏。星星可爱，明月温柔，星星依偎着明月，明月轻揽着星星，她们犹如母女，静静地坐在天河边，闪烁着纯洁的光芒，欣赏着牛郎与织女在天街游逛。曾经在多少地方看到过夜晚的星空，但怎么就没有一个星空像家乡这样，给人亲切的感受。

在流转的波光中，漾起的涟漪向远方伸展着，飘动着，家乡的美丽还在演绎着，传承着。家乡，我为您祈祷，为您祝福，愿您永远像悠然的梦一样美丽动人。

[评读] 文章以家乡的画面"亮丽""秀美""可爱"，点出家乡的特点，开篇点题定位，起到统领全文的作用；主体部分的三个片段分别从家乡的"亮丽""秀美""可爱"进行细致描写，同时运用多种修辞，展现家乡的诱人画面；结尾部分，又回到了"波光""漾起的涟漪"中，照应开头，首尾呼应，再表达自己的美好祝愿，既拓展延伸，又深化提升，使家乡美丽的意境更深远，更宽广。

例文3：

早春的校园

海原县第四中学　九年级（9）班　何佳慧

刺骨的寒风变柔和了，寒冷的冬天过去了，随之而来的是充满生机的早春。说到春，同学们的心中便有股暖流，有股绿色的暖流。校园里充满色彩，充满活力，让大家的生活阳光灿烂，幸福满满。

太阳露出鱼肚白，鸟儿唱起晨歌，沉睡的校园从笼罩着薄纱般晨雾中醒来了。黄灿灿的迎春花，在料峭的晨风中摇曳，尽显风姿；精致可爱的桃花，像红润着小脸蛋的新生婴儿，胖嘟嘟的；墨绿的松树枝上钻出一束束嫩绿的小针针，手摸上去痒酥酥的。陆续到校的学生，让校园从宁静来到热闹；跑步的学生，步履矫健，英姿飒爽；篮球被熟练地传递着，优美而富有变化的动作，让围观者欢呼雀跃……

透过玻璃望去，柳树绿了，看到那翠绿的色彩，我们不得不说"好美呀！"真可谓"碧玉妆成一树高，万条垂下绿丝绦"。柳树的枝条垂下来了，挡住了我们的视野，可挡不住我们的梦想与遐思。柳树脚下的花园里，各色花草也换上了自己的春装，顽强地钻出来，高傲地站在那里，好像要与身旁的松树一比高下；松树用自己坚韧不拔的精神战胜了寒冷的冬天，笑嘻嘻地来拥抱早春的温暖。

教学楼前的旗台上竖立着18米高的旗杆，五星红旗从这里升起，在那里，有一排红、橙、黄、绿、蓝等彩旗，组成旗帜方队，它们昂首挺胸屹立国旗旁，迎风沙沙作响，犹如国防战士守护祖国边疆般严肃庄重；远处，就能看到学校的试验田，春姑娘也没有忘了撒下春天的种子，同学们也在播种希望，"种一株家乡的香水梨枝，我们也培育培育"，"西红柿秧苗种这儿"……似乎风里带着甜味儿，一下子就能吃到梨儿、柿儿，他们兴奋地规划着，设计着。

一年之计在于春，春是发端，更是人们精神的支柱，春天是最美的季节，春天使校园生机勃勃、美丽迷人、热情高涨，因为早春的阳光——暖和。

[评读] 随着"寒风变柔和"，春天来了，校园里"充满色彩，充满活力"总领全文；文章的主体部分按照时间顺序，校园由宁静到热闹，透过玻璃看到花园里的花草换装，展现出顽强的生命力，接着来到旗台、试验田。一处处、一块块都是"生机勃勃""美丽迷人"，这是阳光的早晨，是暖和的早春。文章写景由远到近，由静到动，有面的描绘也有点的刻画，有实写也有虚写，运用生动形象的语言，给读者展现出朝气蓬勃的早春美丽校园景象。

例文4：

故乡的秋天

海原县第三中学　九年级（15）班　杜梅

我爱家乡的春天，爱它的鸟语花香、欣欣向荣；我也爱家乡的秋天，爱它散发着淡淡的最原始的乳香，爱它的与众不同。

故乡的秋天很淳朴。它没有漫天飘香的浪漫，没有细雨绵绵的柔情，没有夏风凉爽的诱惑，有的是一片迷人的蓝天，蓝得清清爽爽；一片成熟后的麦田地，广阔而丝毫不让人感觉空荡；一棵寂静顽强的杨树，让人正视他的存在；一场强劲的广场舞，活力四射，动感十足……如果再有那么一缕炊烟和一抹余晖，那便是乡下人心中渴望的最美的画儿了。

故乡的秋天很充实。乡亲们不炫耀，不夸富，他们对秋天唯一的要求就是充实。秋天的到来似乎为乡亲们注入了使不完的力量，他们以惊人的耐力穿梭在田间地头，去面对那饱满的玉米、硕大的土豆、发胀的硒砂瓜以及蜜甜的香水梨……这些顽强的生命，在经历了自然的滋润后，迫不及待地亮出健壮的臂膀，开心地夸耀他们的成熟，在乡亲们眼里，那是汗水，那是辛劳，那是披星戴月，那是水到渠成、瓜

175

熟蒂落。他们奋力地举起镰刀，兴奋地收获，然后扬起犁，播撒下一个充实。

故乡的秋天很凉爽。有时一阵凉飕飕的风儿吹过，于是树叶儿就像赴宴般准时去了，落地前的身影飘飘忽忽，好似轻舞的婵儿；吃罢晚饭，乡亲们再聚时便需取出长衣披在身上了；窗外的蛐蛐儿有搭儿没搭儿地唱着；不知不觉，躺在床上睡着了，身上渐渐暖了，甚至有点闷热，那是妈妈给盖上了一条毯子。

故乡的秋天是漫长的。乡亲们有时就耐不住性子，抱怨这天咋这么长？再后来刚要张嘴时，揭开门帘，院子里已是积雪满满，蓦然发现已是冬天，哑然失笑，于是开始想念秋天，盼望秋天……

[评读] 运用对比的手法，引出家乡的秋天来，用"与众不同"开篇点题定位。接着从"纯朴""充实""凉爽"三个方面来说故乡独具特色的秋天。"纯朴"的是麦田、杨树、"炊烟和余晖"；"充实"的是玉米、土豆、香水梨；"凉爽"的是秋风、树叶、蛐蛐儿……结尾"想念秋天，盼望秋天"收束。全文布局合理，一气呵成，运用多种修辞手法，对细节进行生动形象的描述，赋予故乡秋天的情思和独有的风格，寄情于景，耐人品读，读来喜悦。

描绘景物　借景抒情
——写景的层级读写与例文

核心任务：在前一板块学习的基础上运用学用，撰写描绘四季的景色、抒发自己独特情感的散文。

任务一：形状声色、亮化景物

景物描写，最主要的就是抓住景物的特征（特征就是区别于其他事物的标志），景物的特征往往表现在形状、布局、色彩、声音、氛围等方面。

自然景物有色彩、味道、形态等多方面特征。写作时，要注意采用行之有效的方法来突出景物特征，给读者立体感受；要调动多种感官描绘、妙用动词形容词、多用对比显示特性、巧用修辞活化和动静结合等多角度地描写景物，建构立体的、多彩的画面，给读者真的感受、美的享受。

（一）经典回顾、方法指导

1. 山川之美，古来共谈。高峰入云，清流见底。两岸石壁，五色交辉。青林翠竹，四时俱备。晓雾将歇，猿鸟乱鸣；夕日欲颓，沉鳞竞跃。实是欲界之仙都。自康乐以来，未复有能与其奇者。

——摘自《答谢中书书》

〔赏读〕文章以感慨发端，围绕中心句"山川之美，古来共谈"来写。接下来的10句，以清俊的笔触，具体描绘秀美的山川景色。"高峰入云，清流见底。两岸石壁，五色交辉。青林翠竹，四时俱备。晓雾将歇，猿鸟乱鸣；夕日欲颓，沉鳞竞跃"，既有山的俊俏，又有水的明丽，明丽的水给俊俏的山增加灵性，俊俏的山的倒影给明丽的水盖上了多彩，二者交相呼应，相映成趣，既有蓝天的背景，又有绿水的衬托，色彩搭配，绚丽多姿，动人心魄；既有清晨的薄雾即将消散时，猿鸟此起彼伏的鸣叫声，又在夕阳的余晖中，鱼儿在水中竞相嬉戏。大自然给人的是动人的美感，既有动态，又有静态，生物特定时间段的活动为画面增添灵动感，传达生命的气息。王国维云：一切景语皆情语。本文写景，抓住自然万物的勃勃生机（景物灵魂），通过高低、远近、动静变化、视觉、听觉立体感受，传达自己与自然相融合的生命愉悦，体现了作者归隐山林、热爱自然的志趣与情怀。

2. 春天，树叶开始闪出黄青，花苞轻轻地在风中摆动，似乎还带着一种冬天的昏黄。可是只要经过一场春雨的洗淋，那种颜色和神态是难以想象的。每一棵树仿佛都睁开特别明亮的眼睛，树枝的手臂也顿时柔软了，而那萌发的叶子，简直就像起伏着一层绿茵茵的波浪。水珠子从花苞里滴下来，比少女的眼泪还娇媚。半空中似乎总挂着透明的水雾的丝帘，牵动着阳光的彩棱镜。这时，整个大地是美丽的。小草似乎像复

177

苏的蚯蚓一样翻动，发出一种春天才能听到的沙沙声。呼吸变得畅快，空气里像有无数芳甜的果子，在诱惑着鼻子和嘴唇。真的，只有这一场雨，才完全驱走了冬天，才使世界改变了姿容。

——摘自刘湛秋《雨的四季》

［赏读］这段内容，作者抓住景物特征，从形、色和声以及静态和动态等方面来描写景物。醒目的"黄青"和"昏黄"二词，从色彩印象角度说起；再看"闪出"一词，好像突然出现似的，非常有趣味，有情味。这是从颜色和神态两个方面来描摹。"每一棵树仿佛都睁开特别明亮的眼睛，树枝的手臂也顿时柔软了，而那萌发的叶子，简直就像起伏着一层绿茵茵的波浪。水珠子从花苞里滴下来，比少女的眼泪还娇媚。"接着作者尽情地发挥奇妙想象对景物进行精彩描述。具体可感的写景词（"树枝""叶子""花苞"），唤起学生的形象思维；利用比喻（"少女的眼泪"）和拟人（"睁开特别明亮的眼睛"）的修辞方法再进行品味。"丝帘"和"彩棱镜"都是具体可感的名词，以比喻的形式呈现出来；"挂"和"牵动"都是形象感很强的动词，化静为动；运用听觉（"沙沙声"）和嗅觉（"芳甜"）的描写，写出春雨的清新、润泽和甜美，给人美的享受。

（二）创设情境、依法初写

情景：对同学们来说，最熟悉的地方莫过于校园了。想一想，你所在的校园有什么风景？校园里的风景有什么独特之处？围绕"校园一景"写200字左右的片段。

微写1：太阳露出鱼肚白，鸟儿唱起晨歌，沉睡的校园从笼罩着薄纱般晨雾中醒来了。（形状颜色之评：色彩"鱼肚白"，形状"薄纱般晨雾"，写出了清晨中"校园"的情态）黄灿灿的迎春花，在料峭的晨风中摇曳，尽显风姿；精致可爱的桃花，像红润着小脸蛋的新生婴儿，粉嘟嘟的；墨绿的松树上钻出一束束嫩绿的小针针；枯黄的草皮上嫩芽迫不及待地钻出土层。（色彩之评："黄灿灿""粉嘟嘟""墨绿""嫩绿""枯黄"等不同的景物、不同的色彩呈现出太阳升起来时，校园内各种植物的不同变化）陆续到校的学生，让校园从宁静来到热闹，跑步的学生，步履矫健，英姿飒爽；篮球被熟练地传递着，优美而富有变化的动作，让围观者欢呼雀跃；跳绳有规律地在手腕转动，小燕子般轻快跳跃着，赢得啧啧的赞美……（整体之评：首句总起，接着从植物的角度，通过形状、色彩等描写清晨校园的精致；再由物到人，从"跑步""篮球""跳绳"等活动展现校园的活力。如果再补充清晨校园特有的声音"诵读声"，这样才是有活力、有生命的画面。）

微写2：校园里，窗前一排大柳树，有几棵的树冠几乎有三层教学楼般高，柳枝随风摆动，飘来拂去，煞是温柔。（首句之评：树冠高大、柳枝温柔，从两方面写校园的柳树）春天，天空深蓝，空气清新，春风柔和，窗外的柳树绿起来了，柳枝布满柳芽，风中轻舞。不几天，柳芽消失了，满树柳叶，绿绿的，嫩嫩的。（初春柳之评："绿起来""布满柳芽""柳芽消失""柳叶，绿绿的，嫩嫩的"写出了柳枝生长的变化，画面清晰，动感强烈）渐渐地，柳枝长满毛茸茸的柳穗儿，柳枝沉甸甸、摆动慢悠悠……过些时候，仔细瞧，在墙角、台阶下一团一团的，似棉花糖随风翻滚，那是柳絮。（形状色彩之评："毛茸茸的柳穗儿""柳枝沉甸甸、摆动慢悠悠"等把柳树的动态变化描述得活灵活现；柳絮似"棉花糖"，运用比喻修辞把"柳絮"的动态表现，效果很好，再用拟人修辞，会更好。）

（三）修改分享、微写升格

微写1：太阳露出鱼肚白，鸟儿唱起晨歌，沉睡的校园从笼罩着薄纱般晨雾中醒来了。黄灿灿的迎春花，在料峭的晨风中摇曳，尽显风姿；精致可爱的桃花，像红润着小脸蛋的新生婴儿，粉嘟嘟的；墨绿的松树上钻出一束束嫩绿的小针针；枯黄的草皮上嫩芽迫不及待地钻出土层，嫩嫩的，绿绿的。陆续到校的学生，让校园从宁静来到热闹，跑步的学生，步履矫健，英姿飒爽；篮球被熟练地传递着，优美而富有变化的动作，让围观者欢呼雀跃；跳绳有规律地在手腕转动，小燕子般轻快跳跃着，赢得啧啧的赞美……教室里，诵读声、讨论声、交流声汇成晨读交响曲。

微写2：校园里，窗前一排大柳树，有几棵的树冠几乎有三层教学楼般高，柳枝随风摆动，飘来拂去，煞是温柔。春天，天空深蓝，空气清新，春风柔和，窗外的柳树绿起来了，柳枝布满柳芽，风中轻舞。不几天，柳芽消失了，满树柳叶，绿绿的，嫩嫩的。渐渐地，柳枝长满毛茸茸的柳穗儿，柳枝沉甸甸、摆动慢悠悠……过些时候，仔细瞧，在墙角、台阶下一团一团的，似棉花糖随风翻滚，那是柳絮，它们离开妈妈的怀抱，欢快跳跃，空中飞舞。此时的校园是热闹的、欢快的。

任务二：时段形态、美化景物

有的同学也善于观察，积极写作，可总是写不出优美的语句来，要注意的是描写景物时，应抓住景物不同时段的形态，对景物进行美化，可达到预期的效果。

景物描写时，通过对景物不同时段的不同形态的描写，不仅能反映时节的变化，还能表现出景物本身所具有的不同形态特点，从而丰富文章内容，增添文章情味，增强文章感染力。

（一）经典回顾、方法指津

1. 至于夏水襄陵，沿溯阻绝。或王命急宣，有时朝发白帝，暮到江陵，其间千二百里，虽乘奔御风，不以疾也。

春冬之时，则素湍绿潭，回清倒影。绝巘多生怪柏，悬泉瀑布，飞漱其间，清荣峻茂，良多趣味。

每至晴初霜旦，林寒涧肃，常有高猿长啸，属引凄异，空谷传响，哀转久绝。故渔者歌曰："巴东三峡巫峡长，猿鸣三声泪沾裳。"

——摘自郦道元《三峡》

[赏读] 三峡风光，有水有山，山水相依，闻名天下。对于三峡水，不同时节不同地方，呈现不同特点。"至于夏水襄陵，沿溯阻绝。或王命急宣，有时朝发白帝，暮到江陵，其间千二百里，虽乘奔御风，不以疾也。"夏季三峡水涨流急，交通阻断，夏水的汹涌澎湃之势跃然纸上；写春冬时，三峡水退潭清，风景秀丽；水位回落，山中之水"素湍绿潭，回清倒影"呈现出宁静清幽之美；"每至晴初霜旦，林寒涧肃，常有高猿长啸，属引凄异，空谷传响，哀转久绝。故渔者歌曰：

'巴东三峡巫峡长，猿鸣三声泪沾裳。'"写秋天三峡水枯气寒，猿鸣凄凉。文章中，作者抓住夏天、春冬、秋不同季节水的不同特点：汹涌急流、清澈江水、飞悬瀑布、绝巘怪柏、哀转猿啸、悲凉渔歌，把三峡的独特之美（雄奇、奔放、清幽、凄婉）——展现在读者面前，极富感染力。

2. 江水又东迳西陵峡，《宜都记》曰：自黄牛滩东入西陵界，至峡口百许里，山水纡曲，而两岸高山重障，非日中夜半，不见日月，绝壁或千许丈，其石彩色，形容多所像类。林木高茂，略尽冬春。猿鸣至清，山谷传响，泠泠不绝。所谓三峡，此其一也。

——摘自《水经注·西陵峡》

注：①西陵峡：长江三峡之一。

[赏读] 西陵峡比较宽阔，但江流特别凶险，处处是急流、险滩。山水"曲曲折折"，两岸山势"山脉高峻，重重叠叠，不是日中，看不见太阳；不是半夜，看不见月亮"，山势陡峭，遮天蔽日；山色，其"石头是彩色"；形态，其"形状大多像一些东西"；树木"高大茂密"；春冬时节"稍显凋零，猿鸣特别清越，在山谷中传响，清脆的声音传送不绝"。不同的时节、不同的地方，呈现不同的景物，展现出西陵峡的俊美和秀丽。

（二）创设情境、依法初写

情景："春有百花秋有月，夏有凉风冬有雪。"一年中，每个季节的景致都不同，请以"校园一景"为题，写一个片段。

微写1：多美的小雪呀！零零落落、洋洋洒洒，像白天鹅轻轻抖动着翅膀，一片片小小的羽毛轻悠悠地飘落，它舒展着自身美的线条、亮的舞姿。（形态时段之评：当雪小时，这个时段的"雪"通过形象的比喻，把"雪"比作"羽毛"，它"美的线条、亮的舞姿"都形象地展现出来了）雪花变大了，变厚了，密密麻麻的，就像孙悟空跳上玉树嬉戏，抖落琼花挥洒人间。此时，天空中的雪花你拉我扯，你抱我躲，我挤你撑，一团团、一簇簇，仿佛无数扯碎的棉花球从天空翻滚而下，粉妆玉砌的世界，冬装更厚了。（形态时段之评："雪花变大了，变厚了"这个时段，雪的形状是圆的，像棉花球；运用拟人"嬉戏""抖落""你拉我扯""你抱我躲""我挤你撑"来比喻"棉花球"的形象，语言生动形象地展现出雪变大时的情态）。

微写2：每到秋天，秋姑娘就穿着黄衫飘临。她来时，校园里的松树披上绿中带黄的风衣；凉爽的秋风，像母亲慈爱的双手，轻轻拂去孩子满脸的忧愁；那排大柳树，每当秋风吹过，美丽的柳叶像只只轻盈的蝴蝶在空中翩翩起舞，展示优美的身姿。（形态时段之评："秋来了"，此时的"松树"的色彩是"绿中带黄"；"秋风"像"母亲慈爱的双手"；"大柳树"的柳叶在"空中翩翩起舞"，从多个方面描写相同时段"秋"的不同形态。描写景物时，应表现不同时段不同形态，效果会更突出）

（三）修改分享、微写升格

微写1：雪停了，校园里，处处是美丽，洋溢着欢乐。看，笔直的水泥路盖上了一条条白地毯，是那么晶莹，那么纯洁；教学楼前的两棵大柳树上挂满了白布条，微风吹过，微微摆动；房顶上，铺上了厚厚的白棉被；那房檐的边上挂满了水晶般的小冰钉，给房檐镶了一道漂亮的边沿，在阳光下，晶莹剔透，光彩亮丽，美丽动人。再看那操场上更美了，低矮的乒乓球台和高大的篮球架，银装素裹，分外妖娆，宽阔的操场上，像铺上了硕大的席梦思床，多想躺上去享受哈！下课了，同学们冲出教室，校园一下子沸腾起来，打雪仗开始了，只见雪球飞过来，飘过去，欢声笑语不绝于耳，我们感到了无限的喜悦。我感谢你，雪！你为我们的校园增添了美丽，增添了快乐！

微写2：每到秋天，秋姑娘就穿着黄衫飘临。她来时，还带着黄色和绿色的颜料，性格怪异的她把柳叶点缀成美丽的绿黄色，唯独校园里的松树被别出心裁地披上绿中带黄的风衣，这些粉色少女使得这座宫殿格外引人注目。过些时候，秋更惹人喜爱。凉爽的秋风，像母亲慈爱的双手，轻轻拂去孩子满脸的忧愁，那般亲切与温柔，带来的是内心的平静，心中的苦闷顿时荡然无存；那排大柳树，秋风吹过，美丽的柳叶像只只轻盈的蝴蝶在空中翩翩起舞，展示优美的身姿，欢快地歌唱。

任务三：画面组合、优化景物

景物描写时，不但要按照一定顺序进行，使描写有顺序、有条理、有层次，还要运用画面组合的方式对景物进行描写。

写作中，我们可以选择生活中的画面，通过清晰的行文把丰富的内涵直观地表达出来。

当然，我们要在规定的范围内，选择生动、典型的画面，把事物的不同状态描绘出来，形成一幅幅具体的画面，再将它们有机地组合起来，表达一个共同的主题；既要注意选择的画面具有代表性，还要注意画面与画面之间的内在联系。《与朱元思书》就是通过画面组合来展现富春江的奇山异水的。

（一）经典回顾、方法指导

1.风烟俱净，天山共色。从流飘荡，任意东西。自富阳至桐庐一百许里，奇山异水，天下独绝。

水皆缥碧，千丈见底。游鱼细石，直视无碍。急湍甚箭，猛浪若奔。

夹岸高山，皆生寒树，负势竞上，互相轩邈，争高直指，千百成峰。泉水激石，泠泠作响；好鸟相鸣，嘤嘤成韵。蝉则千转不穷，猿则百叫无绝。鸢飞戾天者，望峰息心；经纶世务者，窥谷忘反。横柯上蔽，在昼犹昏；疏条交映，有时见日。

——摘自《与朱元思书》

[**赏读**] 全文围绕"奇山异水，天下独绝"这个中心句来描写景物，呈现在读者面前的是一幅幅优美的画面。文章先写江水的清碧和深邃，显示水的静态，水中游鱼（动态）、水底石（静态）。接着写山，"夹岸高山，皆生寒树，负势竞上，互相轩邈，争高直指，千百成峰"，以静衬动，动静结合，山具有奋发向上的生命力，景物更加形象，描写更加生动。接着"泉水激石，泠泠作响；好鸟相鸣，嘤嘤成韵。蝉则千转不穷，猿则百叫无绝"。文章通过不同的声音来反衬山林的寂静。作者用细腻的笔触描绘了"人在此山中"的感受，抒发了作者对大自然的喜爱和赞美。

2. 仆去月①谢病②，还觅薜萝③。梅溪之西，有石门山者，森壁争霞，孤峰限日；幽岫④含云，深溪蓄翠；蝉吟鹤唳，水响猿啼，英英⑤相杂，绵绵成韵。既素重幽居，遂葺宇其上⑥。幸富菊花，偏饶竹实。山谷所资，于斯已办⑦。仁智所乐，岂徒语⑧哉！

——摘自吴均《与顾章书》

注：①去月：上月；②谢病：因病而自请退职；③还觅薜萝：意思是正准备隐居；④幽岫：幽深的山穴；⑤英英：同"嘤嘤"，象声词，形容虫鸟动物的鸣叫；⑥葺（qì）宇其上：在上面修建屋舍；⑦办：具备；⑧徒语：空话。

[赏读] 石门山清幽秀美，如诗如画，既有陡峭的崖壁与天上的云霞争高低，又有高耸的山峰遮住太阳的光芒；既有幽深的洞穴包含着云雾，又有深谷间积聚着翠绿的潭水；既有蝉鸣鹤叫、水声清越、猿猴啼叫，又有和谐动听的声音相互融合，声调悠长的音韵魅力；有动物有植物，有静态有动态，有高有低，有蝉鸣鹤叫有水声清越，展示出一幅幅优美的画面组合成高林幽谷图，体现出清新细腻的特点。

（二）创设情境、依法初写

情景：请就家乡的美景，运用"画面组合、优化景物"的方法来写片段。

微写1：早晨，从朦胧的睡意中清醒过来，揉揉眼睛，透过玻璃，窗外望去，天地间仿佛挂着一床硕大的白色幔帐。冲出屋子，雪花悠悠飘落。一夜间，小城变成了冰清玉洁的世界。雪停了，太阳出来了。阳光照在雪上，映出一道道七彩的光带，顺着阳光延展。窗户上结满了冰花，形状绮丽，多彩迷人。（画面组合之评：写了两个画面"雪花悠悠飘落""雪停了，太阳出来了"；两个时段，描写有正面描写，也有侧面（"窗户上结满了冰花，形状绮丽，多彩迷人"）。整体而言，语言缺少活力，缺少魅力，感染力不够强，再做补充，效果会更好）

微写2：初秋的雨像天使的眼泪滴落人间，晶莹剔透……雨停了，散步小区菜园，呼吸新鲜空气。突然发现，菜园里青翠欲滴，百花绽放，馥郁绕鼻，秋雨洗礼，一尘不染，娇嫩可爱；远处电线上的鸟儿啼啭起来，给世界增添亮丽的色彩，秋是清亮的。经过这一场雨，乡下叔叔家的土豆更好吃，玉米更饱满，苹果更香脆……（整体之评：描写的是"雨停了"的情景，有实有虚，虚实结合。如果对所描写的画面，再细致点，使之更有动感、更有魅力。结尾处再渲染、升华，意境就会更深远）

（三）修改分享、微写升格

微写1：早晨，从朦胧的睡意中清醒过来，揉揉眼睛，透过玻璃，窗外望去，天地间仿佛挂着一床硕大的白色幔帐。冲出屋子，雪花悠悠飘落，像柳絮，像芦花，像蒲公英。一夜间，小城变成了冰清玉洁的世界。退去叶子的枝条上挂满毛茸茸、亮晶晶的银条儿，在阳光下，耀人眼目。枝条在风中摇曳，不时飘下点点冰晶，宛如晨雾漫卷，银光闪闪。雪停了，太阳出来了。阳光照在雪上，映出一道道七彩的光带，顺着光线延展。窗户上结满了冰花，形状绮丽，多彩迷人；挂满树梢的银条儿，在阳光的照射下，亮得刺眼。晃动树枝，银条儿"簌簌"下落，落到地上"啪"地摔碎，雪沫儿随风飘散……

微写2：初秋的雨像天使的眼泪滴落人间，晶莹剔透……雨停了，散步小区，呼吸新鲜空气。突然发现，菜园里青翠欲滴，百花绽放，馥郁绕鼻，秋雨洗礼，一尘不染，娇嫩可爱；远处电线上的鸟儿啼啭起来，给世界增添亮丽的色彩，秋是清亮的。秋雨虽然让人心烦意乱，可是它能洗涤秋风秋土的沾染，让万物变得清新自然。春雨使大地生机勃勃，山清水秀，草长莺飞，百花争艳，世有"春雨贵如油"的赞语。可秋雨能让晨曦更柔婉，让阳光更温情，让浆果更丰满。经过这一场秋雨，乡下叔叔家的土豆更好吃，玉米更饱满，苹果更香脆……更可贵的是，秋雨孵化万物生命，让泥土更加肥沃，让泉水更加欢快，这是奉献精神，正印证"我言秋日胜春朝"的感悟。

例文：描绘景物，借景抒情

例文1：

雪 韵

海原县回民中学　九年级（6）班　马书航

有人热衷百花争艳的春天，有人爱恋万物欣荣的夏天，有人爱慕累累硕果的秋天，但我心中的冬天，却有我的憧憬、我的追慕。

冬，迈着稳健的步履，托着银色的衣摆，从远处悠然而来，捎来晶莹剔透的冬魂，莽苍大地，思想的野马自然会"光顾"冬的世界。诗人笔下是"朔风劲且哀""水声冰下咽"，情景多少有些凄凉、黯淡，格调低沉、悲伤。然而我的冬画，有我的诗情。表面上，它荒凉、贫瘠，却埋藏着生命的种子，沉睡着绿色的嫩芽，孕育着希望的春天。

你有的是豪迈的性格，冷静的头脑，壮阔的胸怀。我要说，冬季本身就是诗，就是画。白的天，白的地，白的树，白的房屋，白的河……啊，在一片白的世界里，无不显得清新、美丽、高雅。在冰封大地之时，我好像看见悬崖峭壁之上，一树树梅花瓣嫩唇微绽，任凭朔风撕裂，任凭冰雪冻凝，依然青春永存，生机勃勃。也只有它和具有它那种精神，才真正有资格接受大自然的馈赠，这正是我们青年人需要的品格和精神！冬天，我愿做一剪傲梅，绽开在冰雪大地上。

三九严冬，朔风凛冽，飕飕寒气，径直向袖筒、衣领里灌。那时，真可谓天地为之变色，万物为之惊叹。冬天，真是冷酷无情。然而，它是春天的摇篮。请看，蓝色的晨光终将由天空洒下，红色的曙光必将从东方涌起。我爱冬季，冬季的朔风使我清醒而坚韧，使我体会到人生的意义在于搏击，在于挑战。你想踏上成功之路吗？那么请战胜严寒，冷酷中也存在着美好的东西。人的一生不会都是春天，也有冬天，只有奋力拼搏，才能迎来鲜花遍地的春天。

冬，是无微不至、兢兢业业的，用她自己勤劳的双手——雪，把青绿的麦苗爱抚地搂在怀里，给它以温暖和关怀，孕育春的希望，积攒春的魅力。

[评读] 文章由人们对四季的喜爱，引出冬天有我的"憧憬"与"追慕"；接着展现冬魂。从诗人笔下的冬，说到自己心中的"冬"。冬是豪迈的、冷静的、壮阔的，也是清新的、美丽的、高雅的；冬孕育希望，积攒魅力。运用对比的手法突出"我"的所爱，借助细节描写、多种修辞，把"我"心中的冬形象地展现出来，给人清新、高雅之美。

例文2：

窗　外

曾几何时，在和暖的轻风中拥抱春天的温柔；曾几何时，在跳动的骄阳里捕捉夏日的精彩；曾几何时，在起舞的雪花中找寻冬天的纯洁；曾几何时，在飘落的枯叶中亲吻秋日的秀美。曾几何时，面对着窗外的世界，思量着……

操场跑道上，着装校服的身影快步奔跑，当然也有辛勤的园丁们相伴互聊；操场两侧依旧苍翠的松柏，枝叶蓬勃，展示着旺盛的生命力，离奇的花海中，它们张扬着生命的魅力，书写生命的活力。最美的是林间那一缕阳光，它穿过星体缝隙，穿透大气层的迷离，找寻最终的寄托；柔和的光束透过林间树木的空隙，在地上划下靓丽的弧线，那斑驳的树影，那神奇的梦境，该是多么壮美而又神奇的操场即景啊！

秋天，秋姑娘穿着黄衫飘临。她来时，还带着黄色和绿色颜料，性格怪异的她，把柳叶点缀成美丽的绿黄色，唯独校园里的松树被别出心裁地披上绿中带黄的风衣，这些粉色少女使得这座宫殿格外引人注目；凉爽的秋风，像母亲慈爱的双手，轻轻拂去孩子满脸的忧愁，那般亲切与温柔，带来的是内心的平静，让心中的苦闷顿时荡然无存；那排大柳树，秋风吹过，美丽的柳叶像只只轻盈的蝴蝶在空中翩翩起舞，展示优美的身姿。

雪后，路滑，一位大爷吃力地蹬着装满"垃圾"的三轮车，松松棉衣口，停下车，手捂到嘴上，哈上几口热气，再搓搓手，鼻孔中冒着白雾，又鼓起力量向前骑。没走几米，车轮被减速带拦住了，此时一名学生绕到车后，与大爷配合，使劲一推，车轮滚过减速带，四目相对，挥手示谢，车继续前进。这是爱的传递，美的传承。

窗外的天空湛蓝，河水碧绿，小路弯曲，小路的旁边是一条更加广阔、更加坦荡的大路，而这条大路等着你去奔跑，去拥有。

［评读］文章通过四季的不同变化，引出"窗外的世界"；接着按照时间顺序选择了三个片段，"操场即景""自然美景""街道传爱"，通过细节描写，由校内到校外，动静结合，展现出窗外的世界，是广阔的，是坦荡的，更是光明的。

例文3：

我爱冬雪

海原县回民中学　九年级（1）班　吴明智

天空的蔚蓝被灰色取代，风，还没来及刮，雪花儿就开始飘了。雪，是冬的精灵、冬的宠儿，带着希望，带着梦想，挥洒人间，滋润大地。

雪，刚下时，感觉就像风吹着柳絮漫天飘飞，轻柔地、细腻地落了一地儿雪片儿，偶尔一只小花猫跑出来玩耍，在雪地上留下印迹，歪歪斜斜踩出一枝梅花；前面空旷的草地上，飘飞的雪花，遮住一两枝偷窥世界的枯草儿；透过窗户，视线所及地方不远，屋顶上的雪花儿密密麻麻的，惹人爱怜；远处，与天相接的山头已经白雪皑皑，有一种朦胧的美从瞳孔深处传来……

我耐不住寂寞，不披衣服就跳到院子里赏雪。近处，雪已经几尺厚了，台阶、坑洼已经消失；远处，白茫茫一片，树木、楼房、烟囱都已模糊不清，此时的世界可谓玉器冰雕、银装素裹。几只麻雀低空欢跳，从这头跳起那头落下，为雪唱着赞歌；院里墙根与雪毯映照，灰白相间，无意间调配出一幅素描画。抬头，雪花儿偶尔调皮地飘进嘴巴，甜丝丝；钻进脖颈，凉飕飕。仰头赏雪，人与雪融为一体……

雪停了，太阳出来了。

站在院子极目远眺，亮闪闪、银光光，照得人睁不开眼，橘黄色的太阳光映在白雪上，有种说不出的和谐与温暖。家家户户忙着清扫门前雪，铲雪声、车轮声、扫帚声、呐喊声汇成清雪欢快曲。禁不住这晶莹剔透雪花的诱惑，招呼伙伴们，堆雪人。白白胖胖的它们，千姿百态，煞是可爱。几个小伙伴穿上雪鞋（鞋底光滑的鞋），来到坡顶，蹲下去，后面的伙伴顺势一推，顺着坡面，滑向坡底，反复往回，不知摔倒几回，与雪亲吻几回，可依然站起，依然滑行，不知疲劳。

雪，一身玻璃白，透明、光亮。冬的精灵，爱的使者，这是你亘古不变的定律，采一抹雪痕，轻轻揉捏，丸成一团，抛向远方，我等你下次的归来。

[评读] 雪，是冬的精灵，是冬的宠儿，"挥洒人间，滋润大地"总领全文，开篇点题定位；接着按照时间顺序，从雪下开始，到天地一色，再到雪停后清理雪、堆雪人、滑雪等的描述，展现的是雪的可爱、雪的晶莹、雪的和谐与温暖。行文自然，语言流畅，结构合理，展现出别样的"冬雪"美景，更是新时代的美景。

例文4：

家乡之恋

甜不甜家乡水，美不美家乡景，亲不亲家乡人。

——题记

"蓝蓝的天上白云朵朵，美丽河水泛清波……"聆听着《家乡》，凝视着青黛的远山，它越发地青黑。内心舒畅、甜蜜，爸爸也说："脱贫致富，乡村振兴、家乡大变样……"

大 山

家乡的山，雄伟叠嶂，山山相连，路在山间绕，树在山上栽，祖祖辈辈生活在这里家乡人以山为荣，以山为乐。山中有粮食，山中有清泉，山中更有顽强拼搏的毅力。大山养育着我们，我们依偎着大山，无论走到哪里，大家都说山上缠绕着的道道红绿黄相间的彩带，那是世界上最美的色彩、最动人的画卷。这山，如同父辈笑眼旁的皱纹、宽厚结实的脊梁，承载着家乡的博大与宽广。

夏 夜

夜静悄悄的、风轻悠悠的，忙碌一天的人们，从屋里出来，站在明亮的月光下，舒活舒活筋骨，活动活动腰背；围坐一圈，谈着收成，话着丰收，农院内一会儿哗哗地朗笑，一会儿切切地私语，人们兴奋得不能入睡。这朗照的月色，因为诱人麦香的气息，因为软绵绵的夏风，因为颗粒饱满的收获，在这宁静而安逸的夏夜中，没有蚊虫的叮咬，没有污水的臭味，没有压抑的闷热，有的是清凉的微风、迷人的月色和这无与伦比的亲情欢语。

街 道

低矮陈旧的砖木建筑物被拔地而起、高耸而立、雅致美观的楼房取而代之；泥泞狭窄的小巷子全被宽阔笔直、绿树成荫、四通八达的柏油马路取代；拥挤单调的自行车队换成时髦新颖、色彩艳丽、秩序井然的电动车、公交车、私家车；商铺规划整齐，商品琳琅满目。最美一角，广场舞在《可可托海的牧羊人》的旋律中，跳起来，舞起来，大家在阳光下跳得越来越开心，越来越幸福。

昔日光景一扫而光，人来车往的道路大变样，空气清新，彩旗飞扬，家乡脱贫人人展新貌，这就是家乡亮丽的风景！美丽新潮的年轻城市正迈开他矫健的步伐，迎着初阳，昂首阔步，奔向未来。

［评读］文章由《家乡》歌词拉开序幕，爸爸的话语"家乡大变样"总领全文；接着选取三个点"大山""夏夜""街道"展现着家乡的变化；结尾"这就是家乡亮丽的风景"总结全文，年轻的城市"迎着初阳，昂首阔步，奔向未来"，升华主题。本文运用细节描写，有正面描写，也有侧面烘托，有远景也有近景，展现了家乡的巨变，结构合理，行文流畅，读来让人赏心悦目，欣喜满满。